Uma questão de **vida** e **morte**

Uma questão de **vida** e **morte**

Histórias para superar perdas e luto

Dra. Karen M. Wyatt

Tradução
Karina Gercke

MAGNITU**D**DE

MAGNITU^DDE

Uma questão de vida e morte
Título original: *A Matter of Life and Death*
Copyright © 2010 by Karen M. Wyatt, MD
Copyright desta tradução © Lumen Editorial Ltda 2013

Magnitudde é um selo da Lúmen Editorial Ltda.

1ª edição - maio de 2013

DIREÇÃO EDITORIAL: Celso Maiellari
DIREÇÃO COMERCIAL: Ricardo Carrijo
COORDENAÇÃO EDITORIAL: Fernanda Rizzo Sanchez
PROJETO EDITORIAL: Estúdio Logos
PREPARAÇÃO DE ORIGINAIS: Rosamaria Gaspar e Ricardo Franzin
REVISÃO: Carolina Coelho
PROJETO GRÁFICO, CAPA E DIAGRAMAÇÃO: Mayara Enohata
IMAGEM DE CAPA: Istockphoto/AlbanyPictures
IMPRESSÃO: Gráfica Sumago

Dados Internacionais de Catalogação na Publicação (CIP)
(Câmara Brasileira do Livro, SP, Brasil)

Wyatt, Karen M.
  Uma questão de vida e morte : histórias para superar perdas e luto / Karen M. Wyatt ; [tradução Karina Gercke]. -- São Paulo : Magnitudde, 2013.

  Título original: A matter of life and death.
  ISBN 978-85-65907-13-2

  1. Conduta de vida 2. Doentes terminais - Psicologia 3. Histórias de vida 4. Morte - Aspectos psicológicos 5. Vida espiritual I. Título.

13-04716   CDD-155.937

Índices para catálogo sistemático:
1. Perdas e lutos : Histórias e superação : Aspectos psicológicos
155.937

Lúmen Editorial Ltda.
Rua Javari, 668
São Paulo - SP
CEP 03112-100
Tel/Fax (0xx11) 3207-1353

visite nosso site: www.lumeneditorial.com.br
fale com a Lúmen: atendimento@lumeneditorial.com.br
departamento de vendas: comercial@lumeneditorial.com.br
contato editorial: editorial@lumeneditorial.com.br
siga-nos nas redes sociais:
@lumeneditorial
facebook.com/lumen.editorial1

2013

Proibida a reprodução total ou parcial desta obra sem prévia autorização da editora

Impresso no Brasil - Printed in Brazil

Este livro é dedicado a Larry, Aaron e Emily.
Que sempre possam ouvir o canto da cotovia.

A criança sussurrou: "Deus, fale comigo".
E uma cotovia cantou
Mas a criança não ouviu.

Então, a criança gritou: "Deus, fale
comigo!"
E o trovão ressoou no céu
Mas a criança não ouviu.

A criança olhou ao redor e disse:
"Deus, deixe-me vê-lo!"
E uma estrela brilhou
Mas a criança não percebeu.

E a criança gritou: "Deus, mostre-me um
milagre!"
E uma vida nasceu
Mas a criança não sabia.

Assim, a criança chorava em desespero,
"Toque-me, Deus, e deixe-me saber que você está aqui!"
Ao que Deus estendeu a mão
E tocou a criança.

Mas a criança espantou a borboleta
E foi embora sem saber.

Ravindra Kumar Karnani
Antigo poema hindu

Sumário

Introdução, 11

Encontrando uma tábua de salvação, 13

O exercício do luto, 17

A folha de bordo cor de prata:
uma pequena história, 19

Vencendo os obstáculos, 27

Pau e pedra, 31

Fortalecendo os laços, 35

A mãe perfeita, 39

Mãe e filho, 45

O que ficou, 47

Pais: bons e maus, 51

Se você realmente me amou..., 57

Descobrindo o significado, 59
Por que eu?, 63

Reconhecendo o Divino, 69
Você atrai aquilo que vê, 73

Descobrindo a compaixão, 81
Alguns quilômetros até o paraíso, 85

Desvendando a verdade, 97
A cotovia, 101
Estilhaçado, 109

A purificação da alma, 111
Banho termal, 115
Uma gota de Old Spice, 125

Descansando em paz, 127
A queda das árvores, 131

Introdução

Os CONTOS TÊM DESEMPENHADO um papel fundamental na nossa existência, desde os primórdios. Valores culturais, história, simbologia, identidade e fé; os contos e as histórias vêm nos conectando com toda a humanidade ao longo dos tempos e ultrapassando todas as barreiras sociais, e as nossas histórias também nos diferenciam. Da mesma maneira que somos os únicos seres neste planeta que estão conscientes da própria mortalidade, também somos os únicos, tanto quanto sabemos, que contam histórias para inspirar e ensinar uns aos outros. Na verdade, as histórias têm o potencial de ser uma ferramenta de ensino mais poderosa do que palestras ou discursos, porque tocam o coração e a alma, assim como a mente.

Na minha própria familia, as histórias têm sido um importante meio de comunicação e entretenimento. Meu pai, apesar de tímido e muitas vezes calado, era um excelente contador de histórias, como era o pai dele. Papai nos encantava com seus contos sobre pastorear ovelhas nas Montanhas Bighorn, quando ele era menino, suas aventuras como soldado durante a Segunda Guerra Mundial e descrições bem--humoradas dos antigos fazendeiros que ele conheceu ao longo dos anos. Como o meu pai e o meu avô, desde o tempo em que eu era muito jovem, eu via tudo o que acontecia à minha volta como uma história. Esse modo particular de ver a vida ajuda a adicionar significado e resolução aos eventos aparentemente aleatórios e sem sentido que se desdobram em torno de nós. Há certo conforto em ser capaz de ver os temas, as tramas e os padrões deste universo e em colocá-los em palavras para compartilhá-los e desfrutá-los com os outros.

Como médica, eu utilizo histórias para ajudar os pacientes a verem a própria vida de uma perspectiva diferente e compartilho a sabedoria que adquiri observando a vida e as lutas das outras pessoas. E, quando tive de curar as minhas próprias feridas após a morte do meu pai, escrevi uma sucessão de histórias para me ajudar a colocar as coisas no lugar e encontrar uma maneira de continuar.

As histórias e os poemas de minha coleção, que apresento a seguir, constituem um guia, ainda que incompleto e vacilante, para lidar com o processo de cura de um luto traumático. Eles mostram o caminho que segui durante duas décadas desde o suicídio do meu pai. Embora o processo de cicatrização das feridas emocionais seja diferente para cada indivíduo, apresento essas histórias que salvaram a minha vida, na esperança de que outros possam encontrar orientação ou conforto nas lições que elas trazem.

Encontrando uma tábua de salvação

Os PRIMEIROS DIAS após uma perda pessoal ou a morte trágica de um ente querido são preenchidos com dormência, confusão e choque, interrompidos por breves golpes de dor profunda, uma dor gritante como você nunca sentiu antes. Você mergulha mais e mais em um estado atordoado de negação do trauma que acaba de ocorrer, sendo despertado apenas e repetidamente pela memória do momento exato em que a perda ocorreu. Nada mais parece real e você não tem ideia de como encontrar seu caminho de volta à realidade.

Mas há em algum lugar, escondido na turbulência e angústia de seu sofrimento inicial, um pequeno milagre, a letra de uma canção, mesmo uma pedra ou a folha de uma árvore, um sinal de que você não está sozinho; uma tábua de salvação que pode sustentá-lo. Segure-a bem, mesmo que você não entenda ou conheça sua origem. Você vai precisar de ajuda durante muitos meses e, possivelmente, anos, e essa tábua de salvação estará com você nos momentos difíceis. Algum dia, em um futuro distante, tudo fará sentido para você, como a verdade que é revelada aos poucos.

Talvez você não seja capaz de falar sobre o trauma ou a morte ou de procurar o apoio de outras pessoas até que um pouco da ferida em carne viva esteja curada. Talvez mergulhe em um momento de pura introspecção, lutando apenas para viver cada dia. Talvez você sobreviva ignorando toda e qualquer emoção, a fim de evitar a dor. Esse estado pode durar um longo período e, no início, lhe dará algum alívio para suportar o sofrimento.

Em algum momento, no entanto, você será forçado a continuar seu caminho, para ir além desse lugar de puro torpor. É o momento da transformação, do início do trabalho. Você terá oportunidades de estender seus limites, de ascender a um lugar de mais sabedoria e mergulhar profundamente em sua própria alma. Você deve responder ao chamado, afinal, é o seu crescimento que vai curar o luto. Não perca essa oportunidade, pois trata-se, verdadeiramente, de uma questão de vida e morte.

O exercício do luto

Sua morte vai comigo para onde quer que eu vá.
Encontro a dor em lugares surpreendentes:
enfiada no meu bolso
como uma nota de cinco dólares esquecida no casaco do
inverno passado;
ou no fundo do armário,
enterrada embaixo de pilhas de roupas e sapatos
abandonados.
Descobrir essas mágoas escondidas
não traz o prazer de desenterrar um tesouro....
mas é, no entanto,
um presente.
Um presente que me ajuda
a afligir meu coração mais uma vez

e reviver a dor,
as perguntas,
o desconhecido.
Vivo essa dor
como quem costura uma colcha de retalhos.
Cada sobra ou fragmento que acho
são lavados pelas lágrimas,
secos ao sol,
e remendados e costurados
para tecer uma peça maior
que inclua um pedaço ainda maior.
As linhas que eu uso para costurar os retalhos da minha dor
provêm do presente,
de viver a minha vida
cada momento,
momentos transitórios
como ver o nascer do sol,
um abraço dos meus filhos,
um certo verso em uma canção no rádio.
Agora a minha vida,
despedaçada por sua morte,
chegou a isto:
encontrar linha suficiente,
a cada dia,
para o remendo.

A folha de bordo cor de prata: uma pequena história

Parte I

ERAM VINTE E DUAS horas e quarenta e cinco minutos de uma noite de domingo... apenas quinze minutos antes do horário em que Abby Slade *deveria* ter ido para casa. No entanto, tinha acabado de chegar uma chamada dos paramédicos — eles estavam, havia dois minutos, com uma vítima de atropelamento sem socorro: um pedestre com politraumatismo. Como residente do pronto-socorro, Abby era obrigada a permanecer ali até que todos os pacientes que deram entrada em seu turno fossem estabilizados. Ela suspirou com ar de cansaço, sabendo que um caso de traumas múltiplos poderia mantê-la ali a noite toda. Pegou um punhado de pipoca fria

20 | Uma questão de vida e morte

do balcão das enfermeiras e se dirigiu para a sala de traumatismo, enquanto o som das sirenes atingia seu pico.

De repente, toda a ação concentrou-se nos paramédicos em volta do paciente, que realizavam RCP (ressuscitação cardiopulmonar) e gritavam: "Parada total, um minuto atrás. Ele tem traumatismo contuso na cabeça e no abdômen, fratura bilateral dos fêmures, pupilas dilatadas. Nós o estamos perdendo!" Imediatamente, Abby agiu e deu ordens, embora as experientes enfermeiras da emergência e os técnicos houvessem realizado seus comandos antes que ela pudesse pensar no que fazer a seguir. "D5LR[1] completo, rápido; ampola de bicarbonato, ampola de epinefrina; preparar para desfibrilar." O choque das pás contra o peito do homem sacudiu-lhe o corpo e silenciou a sala por um milésimo de segundo. Todos os olhos estavam no monitor cardíaco... linha reta. Mais uma vez, a equipe começou a mesma rotina: RCP, gases sanguíneos, epinefrina e bicarbonato, desfibrilar. Apesar de todas essas medidas serem tomadas mecanicamente, sem pensar, Abby percebeu um murmúrio na sala. Resmungos de repulsa e desagrado: "Ele está imundo!", "Eu não vou encostar em sua camiseta", "Os policiais disseram que ele é um andarilho, vive nas ruas."

Abby percebia uma crescente sensação de inutilidade na sala a cada tentativa de ressuscitação que falhava. A atenção estava focada nela, pois era a pessoa com autoridade para decidir se o procedimento seria mantido ou interrompido.

---

[1] Solução de ringer lactato com 5% de glicose (solução para reposição de fluidos extracelulares e eletrólitos perdidos).

Era o momento que ela mais temia na sua jovem carreira médica. Parecia tão simples para todos os outros na sala apenas dizer: "Pare". E, para eles, parecia óbvio que fosse a coisa certa a fazer. No entanto, ela não pôde reprimir a dúvida e a ansiedade que cresciam dentro dela. "Como vocês sabem com certeza que ele não vai voltar? E se o seu coração responder, caso tentássemos apenas mais uma vez?" Sua hesitação era normal para um novo interno — a experiência é um grande professor para os médicos que precisam tomar decisões sobre a vida e a morte. No entanto, Abby lutava com uma profunda angústia: uma lembrança que a assombrava desde os doze anos de idade. Seu próprio pai havia sofrido fraturas múltiplas e ferimentos graves em um acidente; e morreu no pronto-socorro, depois de uma tentativa de reanimação fracassada. Por todos esses anos, ela havia questionado o conhecimento da equipe médica de plantão naquele dia: será que eles realmente fizeram de tudo para tentar salvá-lo? Será que eles realmente lhe deram uma chance ou simplesmente desistiram quando se cansaram? Sua decisão de se tornar médica tinha sido alimentada pela determinação de que ela *não* se cansaria, nunca desistiria de um paciente. Mas, agora, ali estava ela, a equipe ao seu redor, cansada de um longo dia, olhando para ela com expectativa conforme cada um seguia os procedimentos de rotina várias vezes. Finalmente, ela respirou fundo e deu a ordem: "Parem".

Tão rápido quanto a ação irrompera anteriormente, o silêncio invadiu a sala. Medicamentos intravenosos e monitores foram removidos, tubos desapareceram, e os membros da equipe sentaram-se calmamente em suas mesas, traçando

22 | Uma questão de vida e morte

um registro do incidente. Abby preencheu o próprio prontuário de maneira eficiente e sucinta, sem exibir nenhuma das emoções que ainda lhe apertavam a garganta. Evitando ser notada pelos membros da equipe de emergência, ela esgueirou-se por trás da cortina em direção ao cubículo que abrigava o corpo sem vida do homem ferido. Perguntas e dúvidas ainda lhe rondavam a mente conforme ela puxou o lençol sob os pés do morto. O corpo dele ainda não apresentava o *rigor mortis*. Abby moveu o braço direito do homem e o colocou sobre o peito, notando os dizeres na braçadeira laranja que lhe envolvia o pulso. Nela estava escrito "identidade desconhecida", o que indicava ser ele uma dessas pessoas perdidas e sem-teto que se amontoavam em becos e portas do centro da cidade ou sob a ponte que atravessa o rio. Ela sabia que não haveria pessoas enlutadas chegando ao pronto-socorro, sofrendo por esse João Ninguém; não haveria obituário no jornal, muito menos um funeral em que sua vida fosse celebrada e lembrada. Seu corpo seria colocado no necrotério da cidade até que se aprovassem os papéis para o enterro como indigente, que provavelmente consistiria na cremação e no sepultamento das cinzas.

"Eu fiz o suficiente?", Abby questionou-se silenciosamente. Conforme largou o braço direito do homem e pegou o esquerdo, notou que sua mão esquerda estava bem fechada, segurando algum objeto pequeno. Soltou-lhe os dedos e, olhando mais de perto, viu dentro da mão uma única folha em forma de estrela. Abby suspirou, reconhecendo imediatamente a folha de um bordo cor de prata que lhe era familiar, porque um bordo enorme e imponente havia crescido no quintal da casa onde morou durante a infância. Quando seu dedo roçou a superfície prata e aveludada da folha, ela foi inundada pelas lembranças: subia naquela árvore enorme enquanto seu pai olhava, incentivando-a a ir um pouco mais alto, sempre pronto para pegá-la se ela escorregasse; organizava "chás" com suas bonecas sob a sombra da árvore de bordo com galhos amplos e, após a morte de seu pai, isolava-se nos troncos mais altos da árvore para chorar sozinha, enquanto segurava firmemente o ramo que a apoiava. Aquela folha era como uma mensagem do passado, talvez um sinal de seu pai, mostrando que ele ainda olhava por ela, pronto para pegá-la se ela escorregasse. Uma lágrima brotou-lhe dos olhos enquanto observava o rosto daquele João Ninguém, pálido e imóvel, mas, ao mesmo tempo, calmo e sereno. Ela se perguntou, embora soubesse que nunca teria a resposta: "Por que ele estava segurando essa folha com tanta força? Qual foi a sua história?"

De repente, seu devaneio foi interrompido pelo soar do *pager*, instruindo-a a acionar as enfermeiras. Abby pressionou a folha na parte de trás de seu notebook e, em seguida, sussurrou um "Obrigada" por aquele João Ninguém ter-lhe levado o pequeno presente. Como médica, ela havia sobrevivido à sua primeira experiência em situações de vida e morte e sabia que um pouco da ansiedade havia se dissipado. Depois de tudo, talvez fosse capaz de curar seu velho luto. Quando ela se virou para sair, olhou para trás mais uma vez e murmurou uma oração simples, o único necrológio que aquele paciente receberia: "João Ninguém, pode descansar em paz nos braços de anjos, sabendo que, por poucos momentos, você fez diferença para alguém."

Parte II

Ben apertou um pouco mais o casaco gasto em torno de si e ajustou a caixa de papelão que estava usando para se proteger do vento. Era uma noite fria e chuvosa e ele tinha encontrado um lugar para se instalar um pouco mais cedo, na esperança de conseguir dormir um pouco. Sentiu o aroma de pipoca vindo do teatro atrás dele enquanto se encolhia contra uma lata de lixo no beco.

Na verdade, Ben não era seu nome verdadeiro. Alguns dos outros andarilhos da região começaram a chamá-lo assim quando ele foi pela primeira vez àquela cidade. Um afrodescendente velho e grisalho, conhecido como Slats, que vivia perto do rio e passava os dias com o grupo de desocupados, deu esse nome a ele. Quando o novo homem apareceu pela primeira vez no grupo em volta da fogueira, Slats perguntou: "Quem é você?" "Ninguém", foi a resposta. "Bem, onde você estava?" E o jovem respondeu: "Não sei, não tem importância. Bem, eu apenas estava." Slats riu, bateu no joelho e disse: "Bem, apenas estava. Vou chamá-lo de Ben por conta disso".

A partir de então, o apelido pegou e ninguém nunca mais perguntou ao homem o seu verdadeiro nome. Ele não se importava. Gostava de não ter um passado, de não ser conhecido pelas pessoas. Ele era um solitário e queria que fosse assim. Esforçou-se para manter os detalhes do passado longe de seus pensamentos. Quando permitia-se vagar na direção daqueles dias, via em sua mente o rosto de uma mulher que ele ainda amava e de uma criança que devia estar crescida agora... e a angústia de sua solidão poderia deixá-lo abalado tamanha era sua força. Ele concentrava os pensamentos e energia no momento — onde conseguir um pouco de comida, onde dormir, aonde ir quando chovia. Ele não estava descontente com a vida, mas, por outro lado, não tinha ideia do que significava ser feliz. Não tinha sentimentos, nem raízes ou laços; ele era "apenas" Ben.

Naquele domingo especial, no entanto, algo incomum acontecera com ele. Ele caminhava perto do rio, vasculhando uma área de piquenique à procura de um trocado perdido ou um tesouro descartado, quando ouviu o som mais bonito que jamais poderia imaginar. "Anjos", ele sussurrou. Seguiu o som pelo rio até uma pequena igreja de madeira, que precisava de pintura e reparos. Era a "Igreja Batista" e o coral gospel cantava e batia palmas, e o prédio inteiro da igreja parecia balançar com seu ritmo celestial. Enquanto ouvia o lindo som, deteve o olhar em outra coisa: um enorme e velho bordo cor de prata atrás da igreja. Ele tinha galhos baixos fortes, e seus delicados ramos superiores se estendiam para o céu. A maioria das folhas caíra, mas algumas ainda estavam agarradas tenazmente a pequenos galhos. Ele subiu em direção aos ramos fortes da árvore e, de repente, se lembrou de seus oito anos de idade, sentado em um bordo cor de prata no quintal de sua avó: seguro, protegido pelos ramos, embalado pelo vento. Ficou naquela árvore durante algum tempo, ouvindo o coral celestial cantar, enquanto as memórias da infância o inundavam: seus pais discutindo, sua avó rindo, seu irmão menor chorando. Ele permaneceu ali até muito depois de a música silenciar; a igreja tinha se esvaziado e a chuva começou a cair. No momento em que descia da árvore, arrancou uma folha e colocou-a no bolso.

Mais tarde, naquela mesma noite, um policial que passava pelo Teatro Rialto viu um velho vagabundo acomodado no beco com um pedaço de papelão. Ele gritou para o homem e disse-lhe para circular. Ben levantou-se, cansado, e se arrastou pela rua. Enfiou as mãos dormentes nos bolsos em busca de calor e encontrou a folha de bordo que havia pegado no início do dia. Sentiu a suavidade aveludada de sua superfície cor de prata e traçou as nervuras com o dedo. De repente, uma súbita rajada de vento arrancou-lhe a folha da mão. Ele a seguiu enquanto ela voava para a rua, determinado a recuperar aquela folha, sem saber o porquê ou o que o motivava; só sentia que pegar a folha de volta seria a coisa mais importante que ele já havia feito. E lá estava ela, descansando no asfalto. Queria poder saltar em sua direção antes que o vento a pegasse de novo. Deu um salto para a rua e mal tinha alcançado a folha com a mão esquerda quando ouviu um barulho terrível de pneus e buzina... e viu uma luz... uma luz muito brilhante. No momento em que tudo em torno dele desaparecia na escuridão, Ben ouviu os anjos cantando mais uma vez, enquanto segurava a folha preciosa em sua mão.

Vencendo os obstáculos

Quando você se esconde dentro de sua dor por um período muito longo, um dia pode despertar para uma nova consciência. Ao reconhecer a beleza da vida que o cerca como se fosse a primeira vez, você vê, também, que está dolorosamente desconectado do que é a beleza. Agora é a hora de derrubar os muros que o protegem e começar a busca pelo crescimento.

Pau e pedra

NA MINHA FRENTE, há duas pedras e um graveto, destinados a inspirar a minha criatividade. Estou tendo aulas de redação e minha tarefa para a semana é a de encontrar um objeto comum da natureza e estudá-lo, refletindo sobre sua simplicidade e tentando ver a beleza na sua apresentação. Tomei "emprestados" as pedras e o graveto da vasta "Coleção Natural" do meu filho, esparramada na parte superior de sua cômoda. Recordando seu hábito de pegar pedras aleatórias e outros "tesouros" em nossas caminhadas ao ar livre durante o verão, tenho certeza de que já vi muitos objetos um tanto comuns irem parar dentro de seus bolsos e, por fim, sobre a cômoda. Essa missão deverá ser fácil.

A primeira pedra que escolhi para estudar é lisa, plana e de um tom cinza-escuro. "Particularmente desinteressante", penso. Mas, olhando de perto, verifico que a sua superfície

32 | Uma questão de vida e morte

é coberta por muitas cavidades minúsculas e finas, como se ela tivesse sido picada várias vezes com a ponta de um alfinete. As depressões são tão pequenas que podem ser detectadas apenas em uma inspeção cuidadosa. A superfície é perfeitamente lisa ao meu toque. Eu percebo que séculos de mudanças climáticas e estresse físico desgastaram os minúsculos fragmentos de pedra mais suave que preencheram cada depressão em algum momento de sua vida. Bem... claramente essa não é uma pedra comum. Na verdade, a sua beleza intimida. Fecho os olhos e depois olho de novo, tentando ver simplicidade, mas não consigo. Eu simplesmente não posso usar essa pedra para o exercício que devo fazer.

A pedra seguinte é muito maior e, à primeira vista, ainda mais comum. É cinzenta, de um tom mais claro do que o da primeira, e tem a forma retangular e irregular, com uma superfície mais áspera, menos atraente. Aqui vamos nós. Mas, espere... Veja essas pequenas linhas sedimentares que atravessam a pedra inteira. Eu não tinha visto sua sutil diferença de cores antes de me aproximar. E encontrei algo ainda mais surpreendente na superfície inferior da rocha: pequenas manchas de lápis-lazúli aparecem aqui e ali, suspensas em um matiz de cinza uniforme, como as primeiras estrelas que se tornam visíveis no céu, à noite. Incrível. De maneira alguma é uma pedra comum. Percebo que não serei capaz de encontrar uma pedra sem nada de especial para esse exercício. É a maneira como as vejo. Em algum lugar no caminho entre a montanha e a partícula de poeira, cada rocha possui a singularidade de um majestoso pico elevado e a onipresença de um bilhão de grãos de areia. Ao segurar uma pedra na mão, toco os primórdios deste planeta e imprimo minha própria marca, que permanecerá até o fim dos tempos. Como eu poderia experimentar isso e não reconhecer a beleza? Como é possível?

Apenas o graveto continua sendo a minha inspiração comum. Mas já posso dizer que é um exercício inútil. Este graveto particular, de um velho carvalho, teve grande parte de sua casca desgastada, revelando uma madeira lisa sob a superfície. Vários nós formam texturas ao longo do comprimento do ramo, e noto uma cicatriz antiga distorcer a sua forma em uma área. A casca apresenta uma superfície estriada e rachada; está seca e quebradiça devido à ausência prolongada de água. Na coloração marrom da casca, vejo um padrão de luz e sombras que se repete na própria madeira, formando um *dégradé* fino e rico. Bonito. Não consigo encontrar nada comum nesse graveto. É a maneira como o vejo. O tempo e os elementos, em algum momento, transformaram esse graveto flexível em um instrumento robusto para a construção e a queima. Esta fonte de alimento para a vida animal tornou-se, em sua morte, uma fonte de abrigo e calor. Cada ramo, cada galho, em algum lugar no caminho entre o fruto e as cinzas, é tão absolutamente simples e tão elegantemente significativo para toda a vida.

Estou desanimada agora. Como vou completar essa redação, se eu não encontrar algo comum para estudar? Fazendo uma pausa para pegar um copo de água, percebo o reflexo do meu rosto na janela da cozinha. Ahhh... é aí que eu vejo simplicidade. Apertando os olhos fechados e depois abrindo-os de repente, mais uma vez não encontro beleza nesse reflexo. É a maneira como me vejo. É o jeito como eu sempre vi a mim mesma. Estrelas, pedras, montanhas, areia, frutos, árvores, folhas, gravetos... estes sussurraram o significado da beleza desde que eu era criança. E sempre fui a observadora, contemplando, mas nunca me conectando à beleza que via em volta de mim. Hoje eu tenho no rosto a pedra e o graveto. As finas linhas entalhadas na superfície ao redor dos meus olhos formam uma textura rica, marcando a passagem do tempo. Minha pele suave ao toque está cheia de poros profundos e cicatrizes de acne, pequenas crateras deixadas para trás após o desgaste do tempo. Pau e pedra. Eu toco meu rosto e olho para o vidro da janela. Talvez, neste dia, uma nova maneira de me ver nasça dentro de mim. Em algum lugar na minha jornada de embrião a espírito, segurando cada montanha e árvore em uma das mãos e alcançando as estrelas com a outra, eu posso rir... eu posso cantar... e eu posso chorar. Como posso deixar de ver a beleza?

Fortalecendo os laços

ANTES DE PROSSEGUIR com a tarefa de curar a dor causada por uma perda traumática, você deve procurar reparar a própria base de sua existência — seu relacionamento com seus pais. Se eles estão vivos ou já faleceram, se estiveram próximos ou ausentes durante a sua infância e se a relação era saudável ou problemática, seus pais infligiram certas feridas em sua psique. Agora é a hora de encontrar o perdão e a aceitação em seu coração, a fim de continuar o seu importante trabalho.

A mãe perfeita

Você talvez nunca tenha pensado muito nisto, mas manter um relacionamento amoroso com sua mãe é bom para a sua saúde. Apesar de eu fazer essa afirmação com convicção, devo confessar que tenho por base unicamente minhas observações não científicas, e não dados reais. Embora eu não tenha lido muitos estudos que analisam a relação mãe-filho quanto ao seu efeito sobre a saúde física, examinei muitas histórias de vida em meus anos de prática na medicina. Presenciei muitos corações que foram sufocados pelo ressentimento e pela falta de perdão às mães. Com base nessas experiências, pude concluir que nossa mãe e a capacidade ou incapacidade de amá-la tornam-se muito importantes no nosso desdobramento como seres saudáveis.

40 | Uma questão de vida e morte

Enquanto, recentemente, observava com atenção uma loja local de cartões, procurando apenas o sentimento ideal para enviar a minha própria mãe no Dia das Mães, notei que parece haver dois tipos de cartões para essa ocasião. Há aqueles que são muito vagos e ambivalentes, com dizeres do tipo "Eu te amo, tenha um bom dia", e existem os sentimentais e específicos: "Você é a mãe perfeita porque...". Eu, pessoalmente, nunca me senti muito satisfeita com uma ou outra escolha, desejando que houvesse um que dissesse: "Você não é perfeita, mas agradeço tudo o que fez por mim". Pareceu-me, na loja naquele dia, que a opção "tenha um bom dia" supera em quantidade os cartões "mãe perfeita". Aparentemente, há uma escassez de mães perfeitas por aí.

Sua mãe foi a primeira pessoa em quem você confiou, a primeira pessoa à qual você estava conectado e a primeira pessoa que o desapontou. Suas primeiras feridas psicológicas, não por acaso, foram provavelmente causadas por sua mãe. Essa é a natureza da relação mãe-filhos. Uma mãe deve estar pronta a fazer sacrifícios, continuamente apresentados em forma de escolhas para acalmar a própria carência e dor, ou a renunciar aos próprios desejos em benefício de seus filhos. Algumas mães, por causa das próprias feridas e da falta de maturidade, acham que é impossível fazer os sacrifícios tão desesperadamente necessários em benefício de seus filhos. Embora algumas mães sejam capazes de deixar de lado o próprio egoísmo com graça e alegria para cuidar de seus filhos, muitas lutas internas acontecem, às vezes, por causa do equilíbrio entre a satisfação das próprias necessidades e aquilo de que sua prole precisa. E algumas mães sofrem com ressentimento e decepção durante o processo da maternidade, deixando os filhos crescerem com os mesmos sentimentos de decepção e ressentimento. Isso, mais uma vez, é a natureza da relação mãe-filhos.

No meu próprio caminho da maternidade, enquanto procurava ser a melhor mãe, a ideal, tive que reconhecer, de maneira muito dolorosa, que não é possível ser a mãe perfeita que eu sempre imaginei. Involuntariamente, às vezes, prejudico meus filhos, mesmo quando trabalho duro para impedir que isso aconteça. Minhas próprias feridas criam feridas neles, e eu não sou capaz de parar esse processo, pois ele é, de alguma maneira, um componente essencial do nosso desenvolvimento humano.

Então, como podemos chegar a um acordo com nossas mães e com essas feridas que precisam cicatrizar? O coração se torna forte com a cura daquilo que foi machucado. Nosso bem-estar melhora quando os fios partidos estão amarrados, quando os fragmentos quebrados são realinhados. Por essas razões, é de nosso interesse concentrar-nos em curar as feridas maternas. Esse tipo de cura acontece quando desejamos ver o passado de uma nova maneira para enxergar o que não foi reconhecido antes. A fim de fortalecer o seu relacionamento com sua mãe, você deve começar a ver que mesmo a mãe mais descuidada e egoísta fez sacrifícios para dar a vida ao filho. Além de perder a barriga lisa, os seios firmes e o sono à noite, ela, no mínimo, renunciou fisicamente a si mesma no processo de dar à luz. Imaginem o que mais ela talvez tenha deixado para trás em sua transição de jovem mulher para mãe: seus sonhos e planos, o próprio

42 | Uma questão de vida e morte

crescimento como pessoa, sua singularidade. Você deve reconhecer todos os pequenos sacrifícios que ela fez e dos quais você não tinha consciência antes: os livros que ela nunca leu, os jantares interrompidos, os passeios que não foram feitos, as blusas que ela deixou de tricotar, os filmes que não foram vistos, os poemas não escritos, as férias suspensas, os cochilos e os telefonemas interrompidos. Essas pequenas coisas das quais sua mãe desistiu e que, muito provavelmente, você não percebeu, são a essência de seu amor por você e sua devoção à maternidade. Claro, ela não foi perfeita. Mas suas próprias falhas e deficiências, veja só, eram exatamente aquilo de que você precisava, pois lhe causaram as feridas necessárias para o seu crescimento. Pois os acontecimentos difíceis e dolorosos em nossa vida tornam-se catalisadores para a nossa transformação espiritual definitiva. Você deve começar a ver tudo isso de uma maneira nova, a partir de uma perspectiva diferente.

Uma vez, em um momento da minha vida, quando lutava para aceitar meus próprios pais como eles eram e a vida que me deram, tive um sonho muito poderoso, que mudou tudo para mim. No sonho, foi-me mostrado um grande mural, uma colagem de muitas, muitas fotos. Quando olhei de perto, vi que cada foto era uma cena diferente da minha vida — que representava tanto eventos significativos e triviais quanto momentos de festa, sofrimento, realização e fracasso. Observei que cada cena tinha sua própria forma e que todas as cenas se encaixavam com precisão, assim como as peças de um quebra-cabeça. "É tudo perfeito", disse, reconhecendo que cada evento era necessário para a imagem ser completa. E os meus pais — cuja presença foi um fator comum em quase todas as cenas — também foram perfeitos, trazendo-me exatamente as lições de amor e dor de que eu precisava para me tornar quem sou. Alguns anos depois, em outro sonho muito simbólico, voltei-me para meus pais com amor, oferecendo-lhes um pouco de pó de ouro cintilante que estava segurando nas mãos. Foi um gesto de perdão e aceitação. E quando olhei mais de perto para minha mãe e meu pai, vi meus avós de pé atrás deles, esperando o mesmo presente do ouro do perdão, e então eu vi os pais de meus avós, e meus trisavós e tataravós, e mais e mais, em uma viagem no tempo, todos esperando para receber a bênção: o perdão por serem humanos, por serem menos do que perfeitos, por nos causar as feridas necessárias para o nosso amadurecimento.

Este ano, no Dia das Mães, o meu cartão para minha mãe vai dizer algo diferente. Eu mesma o escreverei: "Mãe querida, agora que sou mãe, posso finalmente entender tudo o que você deixou para trás a fim de me trazer a este mundo e me preparar para a vida adulta. Agora eu posso reconhecer como tem sido grande o seu amor por mim. E agora eu posso agradecer a você, com todo o meu coração, por ter sido a mãe perfeita para mim."

Quando somos capazes de aceitar as circunstâncias de nossa vida, incluindo a mãe que nos foi dada, perfeita em sua própria maneira, somos libertados da influência dos ressentimentos, ficamos livres para concentrar nossa energia em outros aspectos de nossa vida e crescimento. Por fim, torna-se claro que tudo foi realmente feito para ser

44 | Uma questão de vida e morte

exatamente como é — e podemos até experimentar um sentimento de gratidão por tudo isso: o rude e o calmo, o amargo e o doce, a parte e o todo —, todas as contradições pungentes da vida engendradas para nós por nossa mãe.

Mãe e filho

Como mães, somos chamadas a
nos dar e a nos sacrificar,
mas não a distorcer ou reprimir ou menosprezar nossa vida
pelos nossos filhos,

> Porque o Sagrado estranhamente tece
> nossas viagens juntos,
> de modo que o próprio ato se torna
> nossa mais autêntica essência espiritual,
> e é precisamente o ato que mais contribui
> para o amadurecimento de nossos filhos.

Vamos machucar nossos filhos
e vamos ser feridos por eles,
não se enganem sobre isso.
Mas estas são as feridas
por meio das quais um ser espiritual prospera.

Mãe e filho

O que ficou

TUDO BEM... é o momento. Eu não posso adiar isso por mais tempo. Eu tenho que fazer uma limpeza aqui. Hoje eu abri a porta desse "recinto" e percebi que não posso empurrar mais coisas para dentro dele. Deveria haver uma luz que me ajudasse a ver o que há aqui, mas ela foi reduzida a um brilho tênue ao fundo de todos esses frascos, sacos, caixas e recipientes empilháveis de plástico, próprios para armazenamento. Por que eu guardo todas essas coisas que restaram? Pelas crianças famintas na China? Talvez um pouco disso; um bocado de preguiça, talvez; e algum medo, também. Quem sabe o que encontrarei quando eu realmente examinar tudo isso em detalhes?

Bem, vamos começar. O que é isso? Oooh... cheira mal! Ah, eu sei... é uma bacia cheia de humilhação, dos tempos

48 | Uma questão de vida e morte

da faculdade de Medicina: há o dia em que eu não sabia o nível de bilirrubina de um recém-nascido e o momento em que quase desmaiei na Sala de Cirurgia, às duas horas da manhã, devido a uma hipoglicemia. Estou descartando <u>tudo</u> isso... Eu certamente não preciso disso para nada! Hummm... isso parece... oh, claro... rejeição do agente literário que recusou a minha proposta para publicar um livro porque eu "não tinha nada de novo a dizer". Até logo! Ah, e aqui está uma coleção inteira da minha adolescência, cada acontecimento com uma tampa de cores combinando: a acne, o baile de formatura para o qual nunca fui convidada, os meninos que riam do meu vestido laranja na sala de estudo, o ciúme que eu sentia da minha melhor amiga, linda, que realmente teve encontros com todos os meninos com os quais eu apenas sonhava. Tudo para o lixo! Por que eu os guardei?

Agora, há um pouco de espaço aqui! A luz parece muito mais clara e eu posso organizar mais algumas coisas. Oh, olha... o que é isso na parte de trás? Parece enorme! É uma tigela antiga e florida que me lembra minha mãe... nossa... a minha mãe! Oh, Deus! Eu sei o que está aqui. Fui adicionando muitas coisas ao longo dos anos: a raiva, o ressentimento, a culpa, a decepção, a ira! Eu não quero tirar a tampa dessa — ela poderia explodir e estragar tudo! Mas talvez eu possa apenas levantar um canto e dar uma olhada lá dentro. Bem rápido... apenas uma espiada rápida. Oh, não é tão ruim! Ela realmente cheira bem: doce e deliciosa! Como isso pôde acontecer? Eu sei que não coloquei nada além de coisas ruins aqui, mas agora, depois de todos esses anos, houve uma transformação! É lindo! É o perdão... e a misericórdia... e o amor. Tudo o que eu sempre pedi em minhas orações... e estava bem aqui, esperando por mim o tempo todo.

Eu estou terminado a limpeza agora, mas deixando essa tigela ali, bem na frente, onde eu possa vê-la cada vez que abrir a porta. Eu acho que, talvez, algumas sobras não devam ser jogadas no lixo. Elas poderiam me alimentar por um longo tempo... e talvez até mesmo algumas crianças famintas na China.

Pais: bons e maus

LI RECENTEMENTE UM artigo publicado pelo Departamento de Saúde da Virgínia, analisando o impacto causado pelos pais sobre a saúde dos filhos. O autor apresentou uma compilação de vários estudos que mostram que filhos de pais zelosos e carinhosos têm menos doenças físicas e emocionais, QI mais alto e menos estresse. De fato, a presença de pais amorosos foi apontada como causa da diminuição da incidência de suicídio, pobreza, consumo de álcool ou drogas, violência, prisão, abuso sexual e doença mental. Um estudo mostrou que quanto mais um bebê é amparado pelo pai, mais saudável o indivíduo se torna na infância e nas outras fases da vida.

Essas estatísticas provavelmente não surpreendem a maioria de nós. Aqueles que tiveram um relacionamento amoroso e próximo com seu pai sabem como essa experiência é importante. E os que não experimentaram esse tipo de cuidado sabem a dor causada por esse vazio em sua vida. Mas depois de ler o artigo, tive a sensação de que foi criada uma nova definição de pais "bons": aqueles que cuidam de seus filhos. Todos os outros pais, por padrão, receberiam o título de "ruins", como se houvesse realmente apenas uma maneira "certa" de ser pai.

Mas amparar e educar crianças são tarefas que já estão entranhadas em nós que somos mães, pois temos um instinto maternal que forja uma profunda ligação com a prole que geramos. Pais, deixados de fora da estreita ligação física que se desenvolve entre a mãe e o bebê, devem amadurecer o amor aos seus filhos a distância, do lado de fora do vínculo. Com a falta de uma unidade interna para isso, o estímulo é um ato que não acontece de maneira fácil ou natural para a maioria dos homens. Além disso, os pais devem desempenhar outros papéis importantes para os filhos, como o de protetor e provedor. Enquanto a mãe cria o ninho estável e nutritivo no qual a criança cresce, geralmente é o pai que encoraja a exploração fora daquele ninho. É mais provável que seja o pai a referência masculina a encorajar as descobertas e conquistas, a incentivar a primeira escalada de uma árvore e a deixar de segurar o selim da bicicleta pela primeira vez, enquanto a mãe está pronta com as bandagens para os arranhões e cortes que advêm dessas aventuras.

Naturalmente, essa energia masculina e essa tendência para dominar o desconhecido também podem ter um lado obscuro. Alguns pais, cujos ressentimentos os impedem de cumprir seu papel de uma maneira saudável, têm recorrido à negligência, à violência ou ao abandono da própria prole vulnerável, que simplesmente quer saber que é amada. As feridas provocadas por esse tipo de educação são fortes e profundas, marcando os filhos em todas as fases da vida. No entanto, como já aprendemos, nossas feridas são os catalisadores para o nosso crescimento e necessitam de aceitação. Como Geneen Roth escreveu: "Não é a ferida que molda nossa vida, é a escolha que fazemos, quando adultos, entre abraçar as nossas feridas ou nos enfurecer contra elas". À medida que pensava sobre essa nova definição de bom pai, comecei a me perguntar como ela se aplicaria ao meu próprio pai. Ele, que foi frequentemente punido, quando criança, com uma tira de couro à espera na lareira da vovó, jurou que poderia fazer um trabalho melhor como pai. Ele jurou nunca tocar seus filhos em momentos de raiva. E cumpriu esse juramento. Na verdade, raramente me tocou, em todos os aspectos. Passei muitos anos ansiando por seu carinho e sua aprovação, percebendo que a distância era a mais elevada forma de amor que ele era capaz de demonstrar. Ter superado sua própria infância de crueldade e dureza, ter absorvido uma vida de abuso e se recusado a passá-la adiante, foi um feito notável de amor e sacrifício. Embora não me amparasse fisicamente, ele me manteve em seu coração, com respeito e devoção. Assim, a sua paternidade ficou aquém do perfil de "bom pai", porque ele não era capaz de ser um homem carinhoso. Mas a minha saúde física e emocional, sem dúvida, se beneficiou da maneira como ele demonstrou o seu amor por mim.

Eu escolhi abraçar meu pai de todo o coração: com todas as suas virtudes e seus defeitos, assim como com as escolhas que ele fez para sua própria vida. Como resultado, eu também aceitei as feridas que necessariamente passaram a fazer parte da minha história, usando-as para promover e intensificar o meu crescimento como pessoa. Para avançar como sociedade, enquanto desafiamos os homens a cumprir um papel mais carinhoso como pais no futuro, nós ainda temos que aceitar os pais da nossa geração e tudo o que eles trouxeram para a nossa vida:

- aqueles pais que treinavam times de beisebol e futebol, e aqueles que assistiam aos seus times favoritos na televisão;
- aqueles pais que estavam em casa a tempo para sentar-se à mesa de jantar todas as noites, e aqueles que faziam um trabalho extra após o expediente para colocar comida na mesa de jantar;
- aqueles pais que embalavam seus bebês pequenos carinhosamente nos braços, e aqueles que só podiam segurar as preciosas memórias em seu coração;
- aqueles pais que riam e brincavam com seus filhos, e aqueles que derramavam uma lágrima enquanto viam seus filhos pela janela;
- aqueles pais que liam histórias para dormir todas as noites, e aqueles que se mantinham acordados com preocupações, noite após noite;
- aqueles pais que se preocupavam em dizer "eu te amo" todos os dias, e aqueles que liam o jornal em silêncio na sala de estar;

- aqueles pais que protegiam seus filhos mantendo o perigo à distância, e aqueles que os protegiam mantendo-se distantes;
- aqueles pais que escolheram, para o bem de todos, ficar, e aqueles que escolheram, para o bem de todos, ir embora.

Parece que agora de nada serve rotular os pais como "bons" ou "ruins", certos ou errados. Pois todos eles devem encontrar um lugar dentro da nossa história como os pais que nos foram dados nesta vida. Podemos simplesmente reconhecer que os nossos pais, reunindo todas as suas experiências, feridas e conhecimento, confrontando as exigências e as necessidades da vida, fizeram o melhor que podiam. Que nossos corações mantenham as lembranças com respeito e devoção, desapego de todas as decepções, amarguras e dores. Pois, a fim de continuar o próprio progresso nesta jornada de vida e morte, temos de encontrar uma maneira de sermos gratos por esses relacionamentos e tudo o que eles têm infligido ou infundido em nossa vida. Quando chegarmos ao ponto em que já não nos vejamos como vítimas dos pais que nos criaram, estaremos livres para seguir em frente e considerar outras questões, ainda mais profundas, sobre o sentido da nossa vida e existência. Isso, afinal, é realmente o que viemos fazer aqui.

Se você realmente me amou...

Se você realmente me amou:
você me viu cair e não
se apressou em me ajudar;
você olhou para minhas feridas sem
oferecer ataduras e bálsamo;
você me ouvir chorar e não
me acalmou com o suave "psiu" de sua voz;
você me viu lutando e não
jogou as cordas a fim de me puxar para o seu território;
você sabia que eu estava perdido e não
fez sua luz brilhar para iluminar o meu caminho.

Se você realmente me amou:
você contemplou
meus tropeços e mágoas
e soluços e
imersões e devaneios
sem a menor reação.

Você simplesmente me observou
com os olhos puramente reflexivos
da minha força e do meu saber e da minha perfeição.

Você sabia, mesmo quando eu ainda era incapaz de ver,
que eu ficaria bem.

Se você realmente me amou...

Descobrindo o significado

Descobrindo o
significado

QUER VOCÊ SAIBA ou não, cada evento de sua vida tem um propósito e um sentido único para a sua existência. Ocorrências traumáticas são, muitas vezes, carregadas mais fortemente de simbolismo e significado. Tire um tempo para procurar o significado dentro de cada acaso e circunstância. Descubra que eles são sinais que o levam em direção à paz e à cura que procura.

Por que eu?

É UMA PERGUNTA comum: "Por que eu?", um lamento frequentemente ouvido nestes tempos de gratificação instantânea e soluções rápidas. Acostumada ao funcionamento de uma economia de mercado na qual soluções para os problemas são uma mercadoria a ser comprada e vendida, a nossa sociedade tem pouca tolerância com os acontecimentos da vida que não têm respostas nem explicações fáceis. Na minha prática médica, ouço essa pergunta toda semana, variando de "Por que eu? Por que eu tenho que ficar doente agora?" a "Por que eu? Por que eu estou morrendo de câncer?"

Alguns anos atrás, ouvi essa mesma pergunta de uma mulher de 86 anos que havia sido internada em um lar para idosos onde trabalhei como diretora médica. Alice era uma

64 | Uma questão de vida e morte

enfermeira aposentada que até então havia sido saudável e vivia de maneira independente em sua própria casa. Ela fora enviada para as nossas instalações depois de passar por uma cirurgia de emergência devido a uma ruptura de intestino. Seu estado era tão grave que ela ficou na UTI por vários dias após a cirurgia, em decorrência de um choque séptico. Alice estava muito zangada por ter sido enviada a uma casa de repouso para se recuperar. Ela sentia saudade de sua casa e de sua independência, além de estar desanimada com o declínio na saúde. Recusou-se a fazer a fisioterapia e a tomar a maioria de seus medicamentos, gritando "Por que eu? Por que isso aconteceu comigo?" sempre que alguém entrava em seu quarto. Alice rapidamente se tornou uma paciente impopular, espalhando e descontando sua frustração na equipe e nos residentes. Sua infelicidade era quase palpável e parecia lançar uma nuvem de melancolia por todo o lugar.

Desesperada, a equipe de enfermagem me pediu para avaliar Alice, a fim de determinar se havia algum medicamento que pudesse ajudar a melhorar o seu humor e o seu comportamento. Antes de confrontá-la, sabendo que seria um encontro difícil, passei algum tempo revendo o seu prontuário. Encontrei algumas informações úteis. Descobri que Alice tinha passado algum tempo em coma na Unidade de Terapia Intensiva, gravemente doente com insuficiência renal e hepática. Na verdade, em três ocasiões distintas, seus médicos acharam que ela não sobreviveria mais do que algumas horas e chamaram a família para lhe dizer adeus. No entanto, após a terceira crise, Alice surpreendeu a todos ao sair do coma totalmente lúcida e com as funções renais e hepáticas completamente restauradas.

Mais confiante com essas novas informações, caminhei pelo corredor para me encontrar com ela. Eu tinha decidido virar o jogo e confrontá-la antes que ela pudesse começar a sua reclamação de sempre. Assim que me sentei ao lado de sua cama, eu perguntei: "Alice... por que você?"

"O quê?", ela retrucou com irritação.

"Por que você? Você sabe, quase morreu três vezes quando estava no hospital. Os médicos haviam desistido de você, mas você sobreviveu! Superou um choque séptico, que é fatal para metade das pessoas, até mesmo para pacientes muito mais jovens do que você. Estar viva aqui hoje é um milagre, Alice! Então, pergunto: Por que você? Por que você está aqui, neste lugar, neste momento? Por que lhe foi concedido esse milagre?"

Alice olhou para mim em silêncio por um momento, depois virou a cabeça para a parede. "Eu não sei do que você está falando", ela sussurrou.

Quando ela se recusou a responder a quaisquer outras perguntas ou até mesmo olhar para mim, deixei seu quarto, desanimada, temendo que a tivesse pressionado demais. Eu teria que esperar até minha próxima ida à casa de repouso, duas semanas depois, para terminar a minha conversa com ela. No entanto, quando cheguei para o encontro seguinte, uma das enfermeiras parou para me perguntar: "O que você fez com a Alice? Ela está... diferente."

Alarmada, corri pelo corredor em direção ao quarto de Alice antes que a enfermeira pudesse terminar seu relatório.

66 | Uma questão de vida e morte

Mas ela não estava em nenhum lugar onde eu a procurei — a cama estava vazia e o edredom, perfeitamente no lugar. O que tinha acontecido? Eu só consegui pensar nas piores consequências possíveis. Então, ouvi um alegre "olá" do outro lado do corredor. Olhei e vi Alice caminhando penosamente com o auxílio de seu andador. Ela estava sorrindo quando me chamou: "Eu sei a resposta à sua pergunta, doutora."

Quando cheguei ao seu lado, ela sussurrou em meu ouvido: "Estou aqui para ajudar essas pessoas." Apontando para os outros moradores, sentados em cadeiras de rodas ou poltronas reclináveis na sala de atividades, ela continuou: "Eles precisam de mim. É por isso que isso aconteceu comigo. É por isso que eu estou aqui." O olhar de alegria em seu rosto era radiante. Eu não podia acreditar que se tratava da mesma pessoa que eu tinha visto duas semanas antes.

Mais tarde, ela me contou como essa transformação ocorreu. Alice tinha pensado muito sobre a minha pergunta, mas não encontrou resposta. Não fazia sentido para ela. Por que isso aconteceu? Haveria uma razão para ela estar naquele lar de idosos? Tinha ocorrido um milagre quando ela sobreviveu? Ela ainda era incapaz de encontrar qualquer explicação para a sua situação. Então, uma noite, ela não conseguia dormir porque sua companheira de quarto, uma mulher com mal de Alzheimer, chorava incessantemente. A reação anterior de Alice teria sido gritar por uma enfermeira e exigir que a mulher fosse transferida para outro quarto, mas desta vez, virou-se a fim de olhar para ela. Alice sentiu seu coração se abrindo de compaixão quando percebeu que a outra mulher estava assustada. Incapaz de sair da cama para confortá-la, Alice encontrou outra solução. Ela começou a cantar baixinho cantigas de ninar e canções infantis que conseguiu se lembrar de sua própria infância. Na medida em que Alice continuou essa doce serenata, sentiu a raiva e a dor gradualmente se dissiparem, enquanto a mulher na cama ao lado dela adormecia.

Na manhã seguinte, Alice acordou com um sorriso no rosto e uma sensação de paz no coração. Ela tinha encontrado, de fato, um propósito para sua nova vida na casa de saúde. Reconheceu, pela primeira vez, o sofrimento dos outros pacientes na unidade, muitos dos quais eram solitários e confusos. E como ex-enfermeira, ela percebeu que tinha algo para lhes oferecer: o seu apoio e a sua compaixão. Alice começou a colocar-se à disposição de novos pacientes e de suas famílias, ajudando-os a ajustar-se à casa de repouso, consolando os seus medos e confortando-lhes a dor. Ela também fazia turnos regulares para visitar aqueles pacientes que raramente recebiam visitantes, levando seu sorriso amigável e o coração aquecido para alegrar seus dias. Ela tornou-se uma dádiva que todos queriam por perto, sempre positiva e alegre, um contraste total com a pessoa que havia sido antes.

O momento da mudança aconteceu quando Alice fez a pergunta "Por que eu?" de uma nova perspectiva, com curiosidade e aceitação, em vez de raiva e resistência. Como resultado, descobriu um milagre em sua tragédia — e mudou o resto de sua vida. Alice viveria seus dias na casa de repouso em alegria e paz em vez de sofrimento e amargura.

Aprendi com muitos pacientes como Alice que em algum lugar, escondido dentro de cada infortúnio da vida, encontra-se um verdadeiro tesouro. Perguntar com o coração aberto "Por que eu?... Por que aqui?... Por que agora?" pode abrir a porta para a compreensão dos sofrimentos que encontramos em nossa vida. Muitas vezes, vamos descobrir que nossas adversidades pessoais são oportunidades realmente perfeitas para crescermos e atingirmos um novo nível de consciência espiritual. Então, da próxima vez que enfrentar uma decepção inesperada no caminho da vida, vá em frente e pergunte: "Por que eu?" É uma questão perfeitamente cabível, desde que você esteja pronto para ouvir a resposta.

Reconhecendo o Divino

Uma vez que esteja ciente do significado oculto por trás de cada acaso, você pode tornar-se consciente da onipresença do Divino ao seu redor. Enquanto o Divino permeia tudo e todas as pessoas o tempo todo, você agora se torna capaz de reconhecê-lo devido à sua nova maneira de ver as coisas.

Você atrai aquilo que vê

MUITOS ANOS ATRÁS, quando eu estava começando na prática médica, tive uma paciente muito difícil. Kaye havia passado por cinco psiquiatras, e cada um deles lhe dera um diagnóstico diferente, de modo que ninguém conseguia realmente decidir o que havia de errado com ela, se sofria de esquizofrenia, se tinha uma personalidade fronteiriça (*borderline*), se era antissocial, bipolar, dependente química ou se apresentava todas as síndromes anteriores. Sua aparência era muito estranha — ela usava várias camisas diferentes ao mesmo tempo, uma em cima da outra, com diversos colarinhos coloridos visíveis em volta do pescoço, e seu cabelo era bem curto, mas em muitos comprimentos diferentes, como se ela própria tivesse usado a tesoura, sem olhar-se no espelho. Kaye costumava carregar várias sacolas grandes,

74 | Uma questão de vida e morte

cheias de coisas estranhas que encontrava na rua ou no lixo. Ela foi internada em hospitais psiquiátricos e mantida em prisões durante grande parte de sua vida. O mais preocupante, porém, era o comportamento de Kaye. Ela era uma pessoa muito irritadiça e hostil, que frequentemente causava algum tipo de confusão na sala de espera das clínicas médicas. Aparecia uma ou duas vezes por semana, sem horário marcado, exigindo ser examinada, sob a alegação de alguma crise naquele dia e, geralmente, criando o caos ao seu redor, aonde quer que fosse. Como eu não conseguia definir um diagnóstico que se aplicasse a ela, minha avaliação em seu relatório médico dizia: "paciente com sérios problemas mentais". Ela era simplesmente uma pessoa que tinha sido tão machucada pelos infortúnios da vida que não conseguia se adaptar ao mundo. Eu soube que ela havia sido expulsa de quase todas as outras clínicas médicas da cidade. Eu era apenas a próxima médica de sua lista. Na verdade, devido ao fato de o meu sobrenome começar com a letra "W", eu era, realmente, o último nome na lista que ela foi montando por meio das Páginas Amarelas, onde procurava um médico após o outro. Infelizmente, eu estava quase no ponto de desistir de tê-la como minha paciente — eu não gostava dela e não conseguia encontrar uma maneira confortável de atendê-la.

No entanto, um dia, eu estava assistindo a uma palestra médica no Hospital Católico, que fica do outro lado da cidade em relação ao hospital onde eu atendia. Estivera lá só algumas vezes e sempre entrara pela porta de trás, perto do estacionamento dos funcionários. Mas naquele dia, o estacionamento de trás estava cheio e eu tive que estacionar em frente ao hospital. Este é um detalhe importante, pois significava que, pela primeira vez, entraria pela porta da frente e passaria pelo saguão de entrada. Conforme entrei, a primeira coisa que vi foi um mural enorme com uma tapeçaria que cobria uma parede inteira. Era lindo, com cores vivas e um design marcante e contemporâneo. E eu nunca vou esquecer as palavras tecidas nele:

"É preciso ter cuidado com os doentes, como se eles fossem o Cristo em pessoa".

Eu fiquei impressionada com essa afirmação. Continuei olhando para a mensagem: *"É preciso ter cuidado com os doentes, como se eles fossem o Cristo em pessoa".* Soube imediatamente que o autor da frase estava se referindo à minha vida. Na verdade, a frase me lembrou de uma citação de Madre Teresa que eu tinha descoberto recentemente, na qual ela se referia aos pacientes graves e pobres, por ela tratados como "Cristo em um disfarce angustiante".

A partir daquele momento, não consegui fugir deste pensamento: Kaye era realmente Cristo disfarçado de uma mulher muito irritante e com sérios problemas mentais. Eu não estava acostumada a pensar dessa maneira, mas também não poderia ignorar esse novo pensamento. E, aos poucos, a minha atitude e o meu comportamento com relação a Kaye também começaram a mudar. Em vez de temer suas visitas, eu me sentia um pouco intrigada e quase ansiosa a cada vez que via seu nome na agenda. Nunca tinha certeza do que esperar dela, mas, surpreendentemente, o comportamento de Kaye também começou a mudar. Seu tom de voz suavizou-se e ela realmente começou a sorrir durante as consultas. Tornou-se educada com as pessoas no meu consultório e começou a ir para as consultas apenas quando tinha um horário agendado. Por fim, eu realmente comecei a gostar de suas visitas e descobri que ela era uma pessoa sensível, à sua maneira. Kaye ainda levava poesias para que eu lesse, algumas que ela havia escrito ao longo dos anos, em sua maioria, versos muito comoventes sobre sua solidão e seu isolamento. Com o passar de vários anos, fiquei tão próxima de Kaye como de qualquer outro paciente de que tratei. No entanto, eu deixei a prática médica há alguns anos, a fim de ficar em casa com meus filhos, e Kaye se mudou para outra cidade. Não tive contato com ela durante cerca de cinco anos. Até que, um dia, enquanto eu estava em uma clínica de voluntariado em um abrigo, saí para a sala de espera e vi Kaye sorrindo para mim. Ela havia lido o meu nome em um artigo de jornal sobre a clínica e me localizou. Eu soube que ela estava vivendo em um apartamento pequeno, próprio, e cuidava de si mesma. Kaye não tinha sido internada em nenhum hospital psiquiátrico durante aqueles anos e evitara todos os problemas com a lei. Ela foi naquele dia até mim só para me agradecer, dizendo: "Você me tratou como se eu fosse alguém que valesse a pena. E você me ajudou a ver como eu valia a pena, pela primeira vez na minha vida". Naquele momento, eu me lembrei do mural na parede do hospital e percebi exatamente como é importante a mensagem que está lá:

"É preciso ter cuidado com os doentes, como se eles fossem o Cristo em pessoa".

E eu percebi esta verdade: você atrai aquilo que VÊ. Quando eu via apenas a raiva de Kaye e o seu comportamento agressivo, era exatamente o que eu recebia dela. Eu precisava remover a névoa dos meus olhos, a fim de realmente ver e compreender — enxergar por entre as camadas de dor e medo que tinham se incrustado nela e perceber a beleza simples de sua essência divina. De alguma maneira, ver aquele mural na parede naquele dia quebrou as próprias camadas de dor e medo que tinham obscurecido minha visão, finalmente permitindo-me ver além do exterior. E, assim que eu pudesse ver a beleza no interior de Kaye, poderia receber a delicadeza, a esperança frágil, a poesia que ela era capaz de apresentar.

Como médica, não posso pensar em nenhuma lição mais profunda do que a que aprendi naquele dia, no saguão do hospital:

"É preciso ter cuidado com os doentes, como se eles fossem o Cristo em pessoa".

Quando comecei a agir com base nesse ponto de vista, eu rapidamente percebi que a minha prática médica estava cheia de pacientes que se assemelham a Cristo — eles se encontravam por toda parte. Alguns deles tinham disfarces mais difíceis e angustiantes do que outros, mas eu me tornei perita em vê-los. E quanto mais eu conseguia VER o

78 | Uma questão de vida e morte

Divino em meus pacientes, mais eu entendia, mais eu era abençoada por cuidar deles.

E eu me pergunto agora o que aconteceria se os nossos governantes adotassem este axioma como uma verdade para a reforma com os cuidados da saúde em nosso país: "*É preciso ter cuidado com os doentes, como se eles fossem o Cristo em pessoa*". Se essa crença maior guiasse os princípios de cuidados de saúde no nosso país, eu acho que o Congresso encontraria uma maneira de instituir um programa melhor de saúde o mais rapidamente possível. Ao tomar conhecimento de que há pessoas física e mentalmente doentes, além daquelas severamente feridas, em nossa sociedade, que não podem ter acesso aos bons serviços de que necessitam, eles não poderiam ignorar isso. Eles não tolerariam tal situação deplorável. Porque "você atrai aquilo que vê". Se virmos os pobres e oprimidos da nossa sociedade como não merecedores de cuidados de saúde, sem o direito de receber medicamentos quando estão doentes, sem apoio emocional quando estão necessitados, sem o corpo curado quando estão feridos, então, o que se conseguirá é uma nação cujos membros mais vulneráveis sofrem e decaem ainda mais, certamente nos diminuindo, a todos nós, como povo.

"É preciso ter cuidado com os doentes, como se eles fossem o Cristo em pessoa."

Durante o resto da minha carreira, essa visão tornou-se a força motriz por trás do meu trabalho na Medicina: cuidar de membros da comunidade que vivem na parte inferior da escala socioeconômica em um abrigo e daqueles que residem em casas de repouso, incluindo doentes terminais inscritos nos cuidados paliativos. Mantive a minha missão particular de que os pacientes não só recebessem atendimento para suas necessidades médicas, mas que todos se sentissem VALORIZADOS como pessoas. Pois, como Kaye me ensinou, é assim que uma vida pode ser transformada. Ao tratar a pessoa como um todo e responder às necessidades completas de cada indivíduo, podemos ajudar todas as pessoas a verem o seu próprio mérito e a se sentirem membros valiosos da sociedade. Se eu estou certa, "você atrai aquilo que vê", então espero que possa ajudar todos a vislumbrarem algumas novas ideias e possibilidades para o mundo — e, talvez, a enxergarem o Divino em alguns de seus disfarces. Basta olhar ao seu redor — em todos os lugares.

E então, apenas talvez, você e eu olharemos no espelho um dia e veremos também a divindade que reside dentro de cada um de nós, a beleza que temos procurado o tempo todo.

Descobrindo a compaixão

Ao DOMINAR AS lições de encontrar sentido em tudo o que acontece com você e ver a Divindade que o rodeia, o seu coração vai finalmente começar a se abrir e permitir a troca de amor com outras pessoas. Você é capaz de sentir compaixão em um nível mais profundo do que nunca, tendo ela sido encontrada lá no fundo pelo sofrimento que vivenciou até agora.

Alguns quilômetros até o paraíso

ERA FINAL DE fevereiro quando vi pela primeira vez o cartaz anunciando uma caminhada de quase 100 quilômetros, durante três dias, em apoio às mulheres com câncer de mama. Eu soube imediatamente que este era um desafio que eu deveria assumir. No meio de um inverno com neve, meus exercícios físicos tinham diminuído e eu precisava de alguma inspiração para começar a me exercitar novamente. Eu teria cinco meses de treinamento antes da caminhada, que estava marcada para agosto. Parecia uma decisão perfeita no que dizia respeito ao exercício físico, mas eu também senti uma motivação mais profunda. Minha sobrinha de 36 anos de idade e uma amiga estavam lutando contra o câncer de mama, ao mesmo tempo, e como cada uma delas vivia em uma cidade diferente, havia poucas oportunidades para eu mostrar o meu apoio. Treinar e participar da caminhada de três dias seria uma maneira de fazer um sacrifício físico em nome delas. Comecei meu treinamento e a arrecadação de fundos imediatamente. No entanto, logo comecei a ter algumas dúvidas sobre a atividade. Alguns dos meus colegas questionaram por que eu perderia meu tempo caminhando. "Por que não simplesmente doar dinheiro em vez disso?" Eu não conseguia explicar a elas por que sentia ser tão importante fazer a caminhada. E então, após a primeira semana de treinamento, senti dores nos tornozelos que interferiam em minha agenda e pareciam sustentar a ideia de que era tolice me esforçar fisicamente, quando levantar o dinheiro era o objetivo real. Mas, conforme mancava ao longo do meu caminho diário, ainda sentindo pontadas de dor nas pernas, me ocorreu que o desconforto que eu estava sofrendo era muito pequeno se comparado à dor que eu já vi mulheres com câncer de mama suportar. Pensei em todas as pacientes que estiveram comigo e que corajosamente enfrentaram a mastectomia, a radioterapia, a quimioterapia e várias complicações, no esforço para se curar do câncer de mama. Elas não tinham escolha, a não ser passar pela dor e pelo sofrimento nesse caminho. Qualquer que fosse o pequeno desconforto que eu estivesse sentindo, ele era a minha escolha, eu podia parar a qualquer momento e apenas doar o dinheiro, como meus colegas tinham sugerido. Mas eu sabia que havia uma razão para me dedicar a esse treinamento e à conclusão dos cem quilômetros. Sabia que havia algo valioso a ser aprendido, mesmo que eu não conseguisse expressá-lo ou formulá-lo em minha mente.

E então, como muitas vezes acontece quando estou andando ou correndo em contato com a natureza, a resposta veio a mim. Lembrei-me de uma vez ter assistido a uma palestra sobre uma prática budista chamada *tonglen*, cujo foco é respirar o sofrimento do outro e, por meio da expiração, enviar alegria, alívio ou qualquer coisa que possa ser necessária para a pessoa naquele momento. Um dos propósitos da meditação *tonglen* é conectar-se ao sofrimento e cultivar a compaixão. Percebi que eu poderia praticar *tonglen* durante as minhas caminhadas, como uma maneira de aprofundar a minha própria experiência e, quem sabe, trazer alguma forma de alívio para as mulheres que eu estava tentando apoiar. Meu plano era começar toda sessão de treinamento pensando em cada mulher a quem eu dedicava minha caminhada e focar em sua situação particular, na inspiração de qualquer dor ou sofrimento que ela pudesse estar sofrendo e na expiração de paz e alívio, para que ela se sentisse confortada. Uma após a outra, eu me concentrei em minha sobrinha, minha amiga e várias pacientes que conhecia. Então, incluí outra mulher que recentemente veio à minha mente: a esposa de um velho amigo de meu marido, um de seus mentores na faculdade de Medicina. Ela também foi pega em uma feroz batalha com o câncer de mama, lutando para recuperar sua saúde.

Na medida em que meu treinamento progredia, minhas caminhadas ficaram mais longas e assim, também, a lista de mulheres para quem eu estava praticando *tonglen*. Eu me lembrava de outra mulher que conhecia ou de cujo sofrimento eu tinha ouvido falar e incluía seu nome à minha lista.

Eu estava achando essa prática muito agradável. Os quilômetros pareciam voar e eu sempre tinha algo em que concentrar meus pensamentos. Mas então, em meados de março, comecei a sentir uma dor incomum no lado direito do quadril — algo que eu nunca havia sentido antes. A dor vinha principalmente quando eu estava tentando dormir e, às vezes, me acordava no meio da noite. Eu achava que era resultado do meu treinamento, mas não conseguia entender exatamente o que havia de errado. Na verdade, a dor nunca vinha enquanto eu caminhava — só no final do dia e, geralmente, quando eu estava em repouso. Falei com alguns amigos médicos, que também não conseguiam diagnosticar a causa do meu desconforto. Meu exame do quadril estava totalmente normal e sem movimentos da articulação que pudessem provocar o sintoma. E assim, decidi aceitar essa dor misteriosa. Como minhas caminhadas ainda eram agradáveis e livres de sintomas, eu não pensava que estivesse causando danos a mim mesma, e aceitei que a dor no quadril pudesse ter outro significado para mim. Minha escolha foi me harmonizar com ela e ver o que acontecia. Afinal, eu havia escolhido a prática da meditação *tonglen* para aprofundar minha compreensão do sofrimento. Fazia sentido que eu encontrasse um pouco de dor ao longo desse caminho.

Como eu continuei andando durante a primavera e os primeiros meses do verão, a dor tornou-se gradualmente mais profunda e intensa. Eu ficava acordada algumas noites, incapaz de tolerar o peso de uma folha no meu pé, pois causava a sensação aguda de uma punhalada em meu quadril. No entanto, tal como antes, a dor desaparecia durante o dia e não podia ser reproduzida em qualquer exame físico. Eu estava ainda mais convencida de que sofria de uma dor de natureza espiritual e interpretei que deveria praticar *tonglen* ainda mais intensamente quando a dor estivesse presente. Quando eu era incapaz de dormir, respirava profundamente, concentrando-me em inspirar ainda mais dor e expirar a paz lenta e longamente. Surpreendentemente, ainda continuei meu treinamento e me sentia bem durante o dia. Eu não conseguia explicar o que estava acontecendo, mas entendi que a dor tinha um propósito e esse entendimento a tornou tolerável.

Finalmente, o fim de semana da caminhada de cem quilômetros chegou. Cerca de mil caminhantes ávidos se reuniram no ponto de partida para ouvir um discurso de incentivo feito pelo organizador do evento. Eu me sentia exultante e muito emocionada por aquele evento tão esperado finalmente estar acontecendo. Acertei meus passos na velocidade ideal perto do quilômetro trinta, encontrei meu ritmo e senti a alegria de caminhar em um dia tão bonito, ao lado de tantos caminhantes dedicados. Ficou claro que todo mundo estava ali, também, com um propósito. Muitos dos participantes usavam camisetas com os nomes de mulheres com câncer de mama por quem eles estavam caminhando, algumas das quais já tinham morrido da doença. Havia caminhantes com bonés cor-de-rosa, que identificavam as sobreviventes do câncer de mama, caminhando para celebrar o fato de que estavam saudáveis o suficiente para realizar aquele percurso. Foi uma visão impressionante: uma longa fila de pessoas que parecia não terminar, à minha frente e também atrás de mim. Passei por grupos e grupos de mulheres e homens que cantavam ou entoavam marchas, carregando cartazes e vestidos com trajes criativos na cor rosa; estávamos, um a um, em uma missão cheia de alegria. Naquela noite, com um sentimento de realização e satisfação por ter completado um terço da jornada, fui para a cama na minha barraca. Como de costume, a dor no quadril retornou quando eu tentava dormir, mas depois de experimentá-la durante tantos meses, ela havia se tornado parte da minha rotina. Apoiei a perna direita na minha mochila, tentando encontrar uma posição que me permitisse dormir por algumas horas antes da aventura do dia seguinte.

No entanto, o segundo dia da caminhada chegou com temperaturas abrasadoras e um céu sem nuvens. A desidratação tornou-se um problema sério para todos os caminhantes, já que a luz do sol escaldante refletia no asfalto um calor de quase 50 ºC. Nós consumíamos incontáveis garrafas de água e isotônicos, na tentativa de equilibrar nossos fluidos, mas, ainda assim, muitos caminhantes acabaram na tenda médica, recebendo soluções intravenosas. O calor implacável gradualmente nos desanimava e não havia mais saudações alegres nem o canto de marchas entre os participantes cansados. Os trajes cor-de-rosa estavam manchados de suor agora, cartazes jaziam abandonados na beira da estrada. Nós nos arrastávamos a cada quilômetro, nossas pernas apresentavam inchaço, edemas e bolhas; a exaustão nos atingia. Estávamos na metade da nossa longa jornada, e a realidade apagava a ilusão de ver a luz no início ou no final desse túnel escuro, sem saber quando a agonia acabaria.

Quando entramos na cidade seguinte, senti o desespero tomar conta de mim. Eu começara a questionar todos os aspectos daquele evento e o motivo que eu tinha escolhido para estar lá. Nada fazia sentido para mim naquele momento e eu ansiava por ser o tipo de pessoa pragmática que poderia desistir de algo que não estava indo bem e simplesmente sair da caminhada de uma vez por todas. Mas isso não era uma opção para mim. Eu sabia que nunca poderia desistir enquanto fosse capaz de dar mais um passo. E assim, estava condenada a continuar naquela situação difícil. Eu tinha perdido toda a visão de um propósito maior ou do significado de tal sofrimento. Colocando um pé na frente do outro, repetidamente, eu olhava para o chão à minha frente, entorpecida e dormente nas garras da desidratação e exaustão provocadas pelo calor.

Mas então, de maneira completamente inesperada, senti algumas gotas de água fria na minha pele. Assustada pelo torpor, olhei e percebi que tinha entrado em uma área residencial. Estávamos passando por um jardim com grama verde exuberante onde dois rapazes alegremente pulverizavam a água de uma mangueira sobre nós, viajantes cansados, conforme caminhávamos. Foi um milagre! O alívio breve do calor parecia salvar vidas e eu me senti lúcida novamente, capaz de pensar um pouco e prestar atenção ao meu redor mais uma vez. No quarteirão seguinte, faltando cerca de um quilômetro para terminar a jornada do dia, eu vi uma mulher sentada em uma espreguiçadeira na calçada do outro lado da rua. Pálida e muito magra, ela usava um lenço para cobrir a cabeça careca. Ela se inclinou para trás

92 | Uma questão de vida e morte

na cadeira, mal conseguia se manter, mas estava ali para nos agradecer, à medida que passávamos. Olhei para ela e seus olhos encontraram os meus, me segurando em seu olhar transcendente. Conforme ela levantava a mão fracamente no braço da cadeira, sua boca proferia as palavras: "Muito obrigada". Eu fui instantaneamente arrebatada por aquela experiência e comecei a chorar, compreendendo, mais uma vez, exatamente o porquê de eu estar fazendo aquilo, o porquê de estar suportando aquela dor. Na rua seguinte, um homem segurava um cartaz com letras grosseiras e a fotografia de uma mulher bonita. O cartaz dizia: "Obrigado por dar esperança às minhas filhas. Sua mãe morreu de câncer de mama". Ele chorava enquanto segurava o cartaz bem alto para que todos nós pudéssemos ler. Meu coração estava partido e eu, emocionalmente desfeita, mas de repente, percebi que tinha bastante energia física para todos os quilômetros restantes. Era tão claro. Era tão simples. Esta era a lição do evento: uma jornada de sofrimento em nome de todos os que sofrem, em nome de toda a humanidade. Suportar a carga que nos foi dada, resistir e perseverar contra todas as probabilidades, inspirar a dor e expirar a paz: por isso viemos.

A partir daquele momento, embora meu corpo estivesse quebrado, queimado de sol, com bolhas e desidratado, a minha energia e o meu propósito para a caminhada foram renovados. Eu mal dormi naquela noite por causa da dor no quadril, mas sabia que fazia parte do plano, a chave para a jornada. No último dia da caminhada, eu me senti calma e serena, sabendo que poderia terminar os cem quilômetros e que, apesar de todas as dúvidas, era a coisa certa a fazer. Naquele último dia, andei alguns quilômetros com um homem afrodescendente, um sacerdote que me disse que estava caminhando pela mãe dele, a bela mulher que lhe dera a vida. E ele caminhava também em nome de todos os outros homens que não puderam estar lá para honrar a própria mãe.

Depois que nos separamos, passei por duas mulheres que estavam abandonando a caminhada, chorando com a decepção de não terem sido capazes de terminá-la. E compreendi que, por vezes, a viagem não nos permite concluir — por vezes, a lição é a saída, não importa o quanto ela nos decepcione. Eu desejei paz para as duas mulheres, que deviam perdoar-se pelo resultado da sua luta; que elas soubessem o que aquilo tudo significava.

A próxima parada a que chegamos estava decorada com palmeiras de papelão e papel crepom e uma faixa que dizia "Bem-vindos ao Paraíso". Alguns dos caminhantes brincaram com os voluntários, dizendo: "Você realmente acha que isso é o Paraíso?" Mas eu percebi que a viagem em si mesma é o Paraíso, ainda que implique sofrimento e sacrifício. Talvez só não entendamos a definição de paraíso espiritual e, portanto, nunca o reconhecemos quando nos rodeia.

Mais adiante, na caminhada daquele dia, deparei-me com uma mulher corpulenta que mancava de dor. Ela vestia uma camiseta com a foto de sua mãe na parte de trás. Olhando para baixo, percebi que ela estava andando sem sapatos, com os pés cobertos de bolhas dolorosas. Preocupada, comecei a ir em sua direção, mas quando ela se virou para mim, vi um olhar de coragem, determinação e firmeza em seu rosto.

Ela não precisava da minha compaixão nem do meu apoio. Seguia ferozmente seu caminho e sabia disso com cada célula do seu ser. Eu simplesmente assenti com a cabeça em direção a ela, que me acenou de volta, cada uma reconhecendo na outra uma companheira de viagem no paraíso. Na parada de descanso final, antes da conclusão da jornada, todos os voluntários usavam asas de anjo e nos davam lanches e garrafas de água. Eu ouvi um deles dizer, com convicção, para cada um dos caminhantes: "Você está tornando isso real". Eu tinha pensado que aquela viagem nunca seria fácil, mas o incentivo e a inspiração de que precisávamos seriam tecidos no caminho, se fôssemos capazes de percebê-los.

Finalmente, terminamos a caminhada com uma enorme sensação de alívio e realização. Tirei os sapatos, troquei a camiseta e me encharquei com litros de água. Sentei-me à sombra fresca por um tempo até me sentir inspirada para observar os outros caminhantes conforme se aproximavam da linha de chegada. Eu estava em um grupo de espectadores, alinhados no caminho e aplaudindo. Avistei o sacerdote que caminhava para honrar sua mãe! Ele gritou sem pudores ao, finalmente, completar sua jornada. Assim, muitas pessoas cujos caminhos se cruzaram com o meu ao longo dos últimos três dias, caminhantes e voluntários, agora atingiam a área de chegada. Nós éramos uma família enorme que tinha acabado de completar uma jornada incrível juntos. Todos eles me eram tão familiares, mesmo sem nunca ter conhecido a maioria. Nós éramos estranhos, mas com um único coração naquele dia. O número de caminhantes que se aproximavam da área de chegada foi diminuindo conforme o evento chegava ao fim. Mas eu fiquei na linha lateral, examinando os últimos retardatários completando o seu caminho. Finalmente, eu a vi: a mulher descalça! Eu sabia que ela completaria a caminhada, eu sabia que chegaria ao fim. Seu rosto, agora manchado de lágrimas, ainda mostrava a determinação que eu tinha visto no início do dia — um olhar que me veio à mente muitas vezes ao longo dos anos seguintes, lembrando-me do que é preciso para completar essa jornada no paraíso.

Ao longo dos dias seguintes, após a caminhada, minha dor no quadril diminuiu gradativamente, desaparecendo tão misteriosamente como tinha começado. Eu pensei ter entendido o que ela representava: era o meu cadinho de sofrimento, que me foi dado para aprofundar a experiência da caminhada, para me ensinar a ter mais compaixão. Mas alguns dias depois, meu marido recebeu um telefonema daquele seu velho amigo, seu mentor na faculdade de Medicina. Sua esposa tinha acabado de morrer, vítima do câncer de mama contra o qual vinha lutando. Ele nos disse que o câncer havia se espalhado e ela não respondeu ao tratamento. Também disse que os médicos tinham encontrado uma metástase no osso do quadril direito, em meados de março. Ela sentiu uma dor insuportável no local durante apenas três dias e depois a dor, de repente, desapareceu. Os médicos ficaram surpresos e não conseguiam explicar, mas estavam contentes por ela ter vivido seus últimos meses relativamente com pouca dor. Ela foi capaz de desfrutar da companhia de seus filhos e netos nos derradeiros dias com paz e alívio.

Agora eu sei que, como viajantes do planeta, cada um em seu próprio caminho desconhecido e insondável, estamos todos conectados. Nós somos, cada um, parte do outro ser, compartilhando o sofrimento que nos é inerente nesta jornada. E eu sei que cada um de nós possui a capacidade de aliviar o peso dos outros para ajudá-los a chegar a seu destino. Inspirar a agonia da vida e expirar o consolo da paz pode ajudar o próximo e nos ajudar durante a nossa passagem por esta vida. Isso exigirá toda a determinação e coragem que você puder reunir, e seremos levados ao limite absoluto das nossas forças. Mas vamos encontrar o que precisamos ao longo do caminho: alguns borrifos de água fria, um sorriso de gratidão e talvez um anjo ou dois para sussurrar-nos palavras de encorajamento. Veja, isto foi o que eu aprendi sobre o que é realmente um paraíso: aceitar todo o sofrimento que lhe for dado para prosseguir ao longo do caminho, por mais traiçoeiro que ele seja, e comemorar com gratidão o fato de estarmos todos conectados nesta divina e perfeita jornada de vida e de morte.

Desvendando a verdade

No FINAL, AO ter aprendido todas as lições anteriores de significado, sinal divino e compaixão, você está pronto para voltar à experiência traumática da qual tenta se curar. Agora, você pode revisitar esse momento, trazendo consigo todas as ferramentas que dominou, e olhar mais uma vez cada ocorrência em torno desse evento fatídico. Você agora é capaz de ver a verdade de uma maneira que não conseguia perceber antes. Agora, você terá a clareza e a perspectiva que estavam faltando nas fases iniciais do seu sofrimento. Por fim, a cura é possível e você vai começar a percebê-la quando provocar uma mudança em sua alma.

A cotovia

DURANTE MESES, PALAVRAS ecoaram pela minha cabeça e assombraram meu sono, interrompido e conturbado. Inúmeras vezes por dia, eu revivia aquele momento: segurar o telefone e ouvir meu irmão dizer as palavras que mudaram a minha vida em um instante: "Papai morreu hoje". Após ouvir aquilo, eu fiquei paralisada... entorpecida... tonta... com um zumbido na cabeça como o que é emitido por uma lâmpada fluorescente prestes a queimar. Ouvi pedaços da história... "uma arma"... "garagem"... "sangue"... "mãe gritando"... "os vizinhos"... "a polícia"... Mas o tempo todo que meu irmão falou, concentrei-me em tentar acordar — para sentir o calor do edredom sobre meus ombros, a maciez do travesseiro apoiando minha cabeça: aquelas sensações familiares que reafirmariam que tudo não passara de um sonho. No entanto, as lágrimas nos olhos do meu marido, os rostos sombrios e preocupados da minha equipe, a atividade silenciosa e suspensa no escritório normalmente movimentado, tudo serviu para trazer-me à realidade.

O meu pai se fora. Tirou a própria vida com uma pistola Magnum 357 de sua coleção de armas enquanto minha mãe fazia compras. Ele escolheu a garagem escura, abarrotada e suja, cheia de caixas e caixas de recordações de família, como o lugar para chegar ao seu fim. Cada momento de toda a sua vida — cada lágrima, cada sorriso, cada amanhecer, cada aperto de mão, cada gota de chuva, cada brisa, cada folha — conspirou para levá-lo àquele momento final: o último suspiro, o último piscar de olhos, uma última gota de saliva, uma última contração. Tudo foi finalizado com o movimento do disparo e a propulsão de uma bala atravessando-lhe a carne, o osso, o espaço, o tempo. Silêncio. Tudo chegava ao fim.

E então, veio a chuva. Durante três dias, corremos sob guarda-chuvas para a igreja, a funerária, a casa de amigos e parentes, esquivando-nos dos relâmpagos que cortavam o céu negro, misturando nossas lágrimas aos pingos gelados até ficarmos encharcados com a nossa dor. Tentando enxugar repetidas vezes a água do céu, da vida dele, da nossa tristeza, nunca conseguimos secar. O céu se abriu de repente. Depois, o céu chorou. Ele se foi. Pessoas que vieram para o sepultamento amontoavam-se embaixo de beirais com capuzes cobrindo-lhes a cabeça. Guarda-chuvas pontilharam o cemitério com pontos brilhantes de cor. Ventos uivantes rivalizavam com a voz do pastor pela nossa atenção. Nós fomos agredidos, exauridos, esvaziados pela tempestade de tristeza.

Mas no dia seguinte ao enterro — depois de a terra ter sido jogada sobre o caixão que reunia seus restos mortais —, a tempestade amainou. A chuva parou. Um sol tímido permaneceu atrás das nuvens altas, irradiando uma pródiga luz e um calor fraco sobre todos nós. Paz. Alívio. Nós suspiramos coletivamente com a terra, reverenciando o poder da natureza, gratos pelo cessar da tempestade.

Visitei a sepultura do meu pai naquele dia com a minha filha de quatro meses dormindo em meus braços, pacificamente, alheia a tempestades e luto. Meu pai foi enterrado em uma colina com vista para o Rio Platte, rodeado por campos de sálvia cinza-esverdeada e cactos espinhosos. O vento, o perpétuo vento do Wyoming, soprava as gramíneas em linhas diagonais e as árvores para uma posição inclinada, como uma fila de soldados, todos se inclinando para saudar o céu. Papai amava o vento. "Ele sopra o mau tempo para longe!", dizia ele. Cavei com os dedos a terra recém-revirada. Peguei um punhado de tremoço roxo e coreópsis amarela do arranjo de flores que envolvia seu túmulo e os pressionei no meu rosto. A fragrância me levou para a nossa cabana nas Montanhas Bighorn — santuário especial que meu pai tinha construído com as próprias mãos. Eu chorei. Mais e mais, eu soluçava meu mantra: "Eu sinto muito, papai. Sinto muito, papai." Desculpe por todas as palavras não ditas, por todas as tortas de creme com passas que não foram assadas, as trilhas desconhecidas, o pôr do sol não observado. Este foi o meu rito privado de luto em honra daqueles momentos conhecidos apenas por nós dois. "Desculpe-me não ter podido salvá-lo, papai. Sinto muito.

Sinto muito." As lágrimas e as palavras irromperam do lugar mais profundo do meu ser. Eu não conseguia detê-las. Derramei a minha tristeza sobre o seu túmulo de tal forma que parecia que as lágrimas poderiam rolar pela encosta e transbordar as margens do Platte. Eu não sabia quando aquilo ia acabar. O luto após uma morte por suicídio é particularmente muito triste, pois vem acompanhado por uma culpa esmagadora e pela busca incessante de um motivo. Cada pessoa próxima àquela que partiu se pergunta se algo poderia ou deveria ter sido feito para evitar isso. Cada sobrevivente faz perguntas difíceis sobre a tragédia e se sente de alguma maneira culpado por não ter conseguido intervir ou reconhecer os sinais ou por não ter dito a coisa certa. Eu estava especialmente arrasada pela culpa, pois sou médica e trato rotineiramente de depressão. Eu devo salvar vidas — esse era o objetivo de todos os meus anos de treinamento e trabalho duro. Como eu pude deixar de salvar a vida de alguém que era tão importante para mim? Como eu poderia continuar a viver sabendo que não tinha conseguido salvar meu pai? Como eu poderia praticar medicina de novo? Eu não sabia, naquele dia na encosta com vista para o Rio Platte, quanto tempo a dor do sofrimento duraria, quantas vezes eu iria rever as mesmas perguntas durante os próximos anos da minha vida e quanto do meu próprio futuro seria moldado pela angústia opressiva que tinha tomado conta da minha alma. Naquele momento, eu estava apenas no início de uma jornada sombria e perigosa. Essa torrente de lágrimas me deixava à deriva por uma aparente eternidade, em um mar sem praia e sob um céu sem estrelas.

Mas naquele dia, quando parecia que não poderia haver fim para o meu choro, inesperadamente meus soluços foram interrompidos por um som — um som que eu percebi que se repetia desde a minha chegada ao túmulo. Um som que ativou minha memória e exigiu minha atenção. Era o canto de uma cotovia. E lá estava ela, no cimo de uma cerca de arame farpado bem à minha frente. Seu peito amarelo brilhante reluzindo ao sol. Com a cabeça erguida para o céu, cantava sua canção repetidas vezes. A canção era como um réquiem para o meu pai, uma canção de ninar para a minha filha e um toque de alvorada para a minha alma triste. Veja você, cotovias abundam nas memórias compartilhadas entre mim e meu pai. A cotovia é o pássaro do Estado de Wyoming e, como meu pai, adora espaços abertos, que são comuns em nossa região. Pastagens irrigadas, passeios a cavalo no curral, pesca no Riacho Spring, piquenique na Montanha Casper, travessia a pé no Lago Alcova, descanso no deck da casa — todas essas atividades foram acompanhadas pelo som doce e melodioso da cotovia. Meu pai amava o canto da cotovia e sempre apontava para mim quando uma das aves estava nas proximidades. Ornitólogos usam a fonética para imitar sons de pássaros e ajudá-los a lembrar-se do tom, da melodia e do ritmo de vocalizações únicas de cada espécie de ave. A música melodiosa da cotovia foi descrita por alguns especialistas como se estivesse dizendo: "Oh, sim, eu sou um passarinho muito lindo..." Mas naquele dia, no cemitério, a persistente canção da cotovia falou para mim: "*Aguente firme, tudo vai ficar bem; tudo vai ficar bem*".

106 | Uma questão de vida e morte

Agora, essa cotovia, um símbolo poderoso do meu relacionamento com meu pai, cuida da minha tristeza, harmonizando-se com o meu choro de lamento, transportando-me pelo tempo. O pássaro ficou comigo durante todo o meu ritual fúnebre, que durou boa parte da tarde. Embora eu o olhasse e me aproximasse de seu poleiro em cima do muro, ele não se movia. Não houve uma única pausa em seu canto. Conforme minhas lágrimas cessavam gradualmente e a paz começava a encher os reservatórios drenados da minha alma, ele continuou a cantar, inspirando-me com sua firmeza e perseverança. *"Aguente firme, tudo vai ficar bem; tudo vai ficar bem."* Finalmente, eu fui capaz de dizer adeus ao meu pai naquele dia e me virar para deixar o cemitério, segurando um punhado de tremoço como lembrança, com o canto da cotovia se desvanecendo na distância.

Poucos meses depois, guiei cerca de 150 quilômetros por estradas empoeiradas e esburacadas nas Montanhas Bighorn para retornar à cabana do meu pai. Foi a minha primeira viagem desde a sua morte, e eu estava hesitante em mergulhar novamente na dor que eu sabia que sentiria lá. Mas conforme saí do deck da casa em direção ao prado de tremoço na parte de trás, meu coração disparou. Um sorriso enfeitou meus lábios quando eu ouvi a música. *"Aguente firme, tudo vai ficar bem; tudo vai ficar bem."* A cotovia, empoleirada em cima do muro, cantava a melodia do meu pai em seu local preferido. Ele não se foi. Nós não vamos nos esquecer.

A lembrança da música e o pássaro que ficou do meu lado tão fielmente naquele dia difícil se tornariam uma tábua de salvação para mim durante os anos em que eu vaguei no mar de tristeza. Quando era tomada por uma enxurrada, um dilúvio de pesar, eu a agarrava e de alguma maneira me mantinha à tona. Quando me via abandonada, tendo por companhia a solidão e o isolamento, eu emergia de volta para águas mais seguras. Eu questionei naquele dia se poderia continuar a ser médica após tamanha dor. A resposta foi: "Não". Eu não poderia continuar a ser a mesma médica que tinha sido antes da morte do meu pai. Nada seria igual depois que eu comecei a viagem ao desconhecido da perda. No entanto, uma transformação que eu não poderia prever naquele dia no cemitério estava acontecendo. Destruído pela morte do meu pai, o meu coração se tornaria capaz de absorver dores tão imensas como o oceano em que eu navegara; minha visão, afiada para penetrar a escuridão e ver a pequena luz bruxuleante de uma alma perdida na distância. Eu estava me tornando uma médica que poderia perguntar a um paciente: "Por que você?" E que poderia ver o Divino dentro de cada pessoa, por mais angustiante que fosse o disfarce. Mais importante: eu estava aprendendo a passar isso adiante, com firmeza e perseverança, por meio de uma orientação simples que havia me salvado: "*Aguente firme, tudo vai ficar bem; tudo vai ficar bem*".

Estilhaçado

Com uma bala
uma vida
de dor
é estilhaçada
em milhares de
pequenos fragmentos
que silenciosamente atingem
seus sobreviventes.
Cacos pontiagudos de
uma vida interrompida
perfuram o coração
liberando
dor...
mais dor...

mais dor...
tombando como
dominós.
Você
sabia,
com aço frio
pressionado contra o palato,
o que seria
desfeito

A purificação da alma

Nesta fase, com uma nova compreensão do trauma vivi-do, você está livre para começar a purificar-se da dor e da culpa que o têm assombrado ao longo dos anos. Ver a verdade do passado o livra dessas correntes que você impôs a si mesmo e liberta a sua alma para alçar voo e continuar em sua jornada espiritual.

Banho termal

A PLACA DIZIA: "Não é permitido usar trajes de banho. Apenas banhistas nus" — o que confirmou meus piores medos. Eu era hóspede do Indian Springs Resort, que anunciava "Banhos termais nas cavernas" e "Água mineral medicinal". Eu queria entrar nas cavernas e tomar um banho de imersão na água mineral quente, mas a nudez exigida era mais do que eu esperava. Eu não tinha certeza se poderia continuar com aquela aventura, mas já havia pagado o ingresso e desistir então, por causa do meu pudor, parecia ainda mais humilhante. Perguntei à atendente no vestiário se eu poderia, pelo menos, vestir minha saída de banho no trajeto até a caverna. "Ah, claro", ela respondeu amigavelmente, "mas ela vai ficar encharcada com toda a umidade quem tem lá dentro." Como eu tinha esquecido de levar uma toalha,

116 | Uma questão de vida e morte

minha saída de banho era a única opção para me secar, então, relutantemente, fiquei nua e fui o mais rápido possível, na ponta dos pés, na direção da caverna.

Eu tinha ido àquele resort para um retiro pessoal de três dias, na esperança de aproveitar a solidão e escrever um capítulo para o livro no qual estava trabalhando. Envolvida com minha prática médica, meu marido, dois filhos e um cachorro, minha vida em casa era muito agitada e não me sobrava tempo algum para escrever; eu estava cansada de completar apenas alguns parágrafos de vez em quando. Então, lá fui eu para umas férias privadas, a fim de escrever um pouco. Mas havia mais do que isso. Minha escolha por aquele lugar, naquele momento em particular, e minha determinação de experimentar as águas curativas tinham a ver com algo muito mais profundo.

Eu estava entrando na escuridão da caverna para explorar a escuridão dentro de mim. Eu carregava algo dentro de mim que não conseguia enfrentar à luz do dia: a dor não curada advinda da morte do meu pai por suicídio. Eu negava que essa dor fosse significativa, que ela rasgasse minha vida em pedaços, até que um dia, minha diretora, olhando para uma fotografia do batizado da minha filha, um mês antes da morte de meu pai, disse: "Ah, olhe para você... Eu não via você sorrir assim desde que...." Ela olhou para longe e não terminou a frase, não querendo lembrar-me da minha dor. Mas eu sabia que em algum lugar, de alguma maneira, eu tinha que encontrar aquele sorriso novamente.

Quando adentrei o mal iluminado túnel de acesso à caverna, pensei que estivesse sozinha, pois não consegui ver

Dra. Karen M. Wyatt | 117

ninguém a partir daquele ponto. Havia um longo corredor com quatro piscinas dispostas alternadamente de lado a lado, duas com bancos nas proximidades para o banhista sentar--se ou deitar-se fora da água. Eu sabia pelo folheto que cada uma das quatro piscinas ficava progressivamente mais quente conforme você avançava por caminhos mais profundos na caverna. A ideia era proceder de maneira a me acostumar ao calor, gradualmente. Escorreguei para dentro da primeira piscina, aliviada por ter o meu corpo um pouco escondido pela refração da água, apreciando a temperatura, que se assemelhava a uma banheira quente comum que eu já havia experimentado no passado. Então, me dei conta de vozes femininas mais adiante, dentro da caverna. As mulheres estavam conversando em voz baixa e eu não conseguia entender o que diziam. Mas sabia que deveriam estar na terceira piscina, pois eu via os números dois e quatro de onde estava sentada. Decidi ficar submersa na água da piscina número um até que elas deixassem o lugar. Afinal, elas só tinham mais uma piscina para ir — quanto tempo poderiam demorar? Mas as vozes melodiosas continuaram por mais e mais tempo, e as mulheres permaneciam no lugar enquanto eu começava a ficar impaciente.

Ansiosa para seguir em frente com a experiência e pronta para uma mudança de cenário, decidi que iria para a segunda piscina. Depois de imergir rapidamente na água bem mais quente, escutei com mais atenção as outras mulheres da caverna e percebi que elas estavam falando japonês. Eu podia ver suas pernas se estenderem para além da piscina. Não admirava que elas ficassem tanto tempo ali,

Uma questão de vida e morte

mesmo fora da água! Suas vozes eram cadenciadas e a conversa delas, frequentemente entremeada de risos. Por um momento, eu invejei a camaradagem de cada uma, até que me imaginei sentada nua em uma piscina com algumas das minhas amigas. Provavelmente, isso não aconteceria! Mas agora eu enfrentava um dilema — eu, obviamente, não estava disposta a ir para a piscina número três enquanto outras pessoas a estivessem usando. Sentia-me muito envergonhada de exibir o meu corpo nu na frente delas. Percebi, porém, que poderia andar rapidamente para a última piscina que dificilmente seria notada pelas mulheres, extasiadas com a conversa. Seria perfeito, eu concluí, deixar uma das piscinas de lado e pôr fim à situação desagradável. Mas, na medida em que me movimentei de maneira rápida para a quarta piscina, uma das mulheres japonesas interrompeu a conversa para me dar um aviso: "Muito quente". Olhei para trás e vi o seu olhar de preocupação, antes de imergir rapidamente na água escaldante. Após alguns segundos, pulei para fora da piscina, incapaz de tolerar o calor e o fluxo de sangue para a minha cabeça, enquanto o meu corpo tentava regular sua temperatura. Caí vertiginosamente junto à piscina, de frente para a mulher que tentou me avisar. Ela acenou gentilmente para mim, rindo suavemente da minha loucura. De repente, percebendo que não estava mais com o corpo escondido dessas mulheres, senti uma vergonha instantânea, junto com as vertigens, conforme o calor avassalador subia mais uma vez para minha cabeça. Eu precisava deitar--me imediatamente, a fim de recuperar o equilíbrio físico e restaurar a minha compostura emocional. Percebendo a minha situação, a mulher gentilmente fez um gesto, apontando para o banco sobre o qual seus pertences estavam apoiados. "Está tudo bem!" Ela sorriu para mim, fazendo um sinal para que eu me deitasse na frente dela e suas companheiras. Temendo desmaiar, eu aceitei o conselho e me arrastei para o banco. Olhando para o teto, muito envergonhada pela minha situação, eu podia ver as mulheres à minha direita com minha visão periférica. Aquela que havia se dirigido a mim tinha um corpo muito grande, redondo, "como se fosse uma lutadora de sumô", foi o meu primeiro pensamento. Mas então, ao lembrar-me do seu sorriso compassivo e da sua generosidade, eu concluí que "Lady Buda" era um apelido mais adequado para ela. Enquanto eu repousava no banco, tentando desajeitadamente esconder o meu corpo nu com as duas mãos, observei de soslaio como "Lady Buda" se banhava cuidadosamente. Ela sentou-se confortavelmente ao lado da piscina, com as pernas abertas, lavando cada centímetro de sua pele, levantando suavemente cada pedaço de carne e cada peito caído. Durante todo o tempo, ela conversou casualmente com suas amigas, totalmente à vontade consigo mesma e com seu corpo. Enquanto isso, eu me afligia com a minha nudez e exposição na frente de estranhos. Percebi que o que eu sentia era uma herança da minha cultura e educação religiosa. Mas a minha vergonha também era decorrência da minha história pessoal. Na adolescência, a acne tinha marcado o meu rosto e também a minha mente. Eu via a minha pele como defeituosa e repulsiva. De repente, deitada ao lado daquelas mulheres japonesas, eu me senti pequena. Não pequena

120 | Uma questão de vida e morte

fisicamente, mas pequena em minha falta de apreço pelo meu corpo, pequena no meu desprezo pela gordura ao redor da minha barriga, por meus seios caídos e minhas nádegas flácidas. Como eu pude sentir essa autodepreciação? Eu tinha ido àquelas cavernas para explorar uma questão profunda, o impacto do suicídio do meu pai na minha vida, e ainda não dedicara nenhum pensamento ao assunto. Eu estava obcecada pela vergonha do meu corpo e incapaz de ir mais fundo dentro de mim. "O que essas mulheres pensam de mim?", eu me perguntava. "Pobre mulher americana, ela não sabe como tomar banho!"

Quando "Lady Buda" surgiu para se enxaguar em um banho de água fria, perto da entrada da caverna, percebi que isso era exatamente o que eu precisava fazer para me recuperar do superaquecimento. Eu a segui, mas estava tímida demais para ficar totalmente sob o jato de água, como ela o fizera. Então, fiquei apenas do lado de fora, aproveitando os respingos e resfriando-me cautelosamente com aquelas gotas. Decidi, então, que ficaria na caverna. Eu faria o que tinha ido até lá para fazer. Comecei mais uma vez na primeira piscina, reclinando-me no banco por um momento para refletir sobre meus sentimentos mais profundos.

Eu havia escolhido ir aqui nesta data especial, porque dali a dois dias seria o aniversário do suicídio do meu pai. Aquela sempre era uma semana difícil para mim, ano após ano, embora eu realmente não conseguisse admitir. Não parecia certo ainda sofrer com uma morte ocorrida onze anos atrás. Então, eu disse a mim mesma que não sentiria nada, que o meu luto estava completo, mas dentro de mim havia um buraco profundo, escuro.

Embora não tivesse pensado nisso antes, foi muito bom eu ter escolhido um resort de águas termais para visitar, pois o meu pai gostava de ir para Washakie Hot Springs em Thermopolis, Wyoming, quando eu era pequena. Gostávamos de dirigir até lá, às vezes aos sábados, e mergulhar na piscina de água mineral quente. Não se tratava particularmente do meu lugar favorito para passear, a água era muito quente para eu praticar minha natação, mas eu gostava de ver o prazer do meu pai. Ele estaria deitado na água, a cabeça voltada para o céu, os olhos suavemente fechados e totalmente, completamente relaxado. Em nenhum outro momento da minha vida com ele eu vi aquele olhar de puro prazer em seu rosto. Ele parecia deixar de lado tudo o que o estressava e causava dor, enquanto flutuava em total desapego. Depois, nós sempre saíamos para tomar umas casquinhas de sorvete — de creme de limão, se pudéssemos encontrá-las em algum lugar.

Eu percebi que estava tão dominada pela vergonha do meu corpo que, até aquele momento, ainda não tivera um só pensamento sobre a morte do meu pai. Mas percebi que a vergonha do meu corpo estava realmente conectada ao seu suicídio. Ele tinha desprezado tanto a si mesmo, a todo o seu ser, que deu fim à própria vida. Nós compartilhamos esse profundo sentimento de vergonha e indignidade. Não era sem razão que eu havia sido levada a experimentar aqueles sentimentos.

Naquele momento, eu sabia que queria mais do que qualquer coisa estar na caverna, suando, fervendo e cozinhando até que estivesse seca por dentro. Rodeada por toda

Uma questão de vida e morte

a umidade, eu queria me sentir ressequida e sedenta. Eu queria desejar a vida e a alegria, experimentar os extremos de dor e prazer mais uma vez, em vez de apatia e neutralidade. Eu havia me acostumado àquilo durante tantos anos! Eu queria ansiar pelo toque do meu marido, deitado ao meu lado, e sentir a suavidade dos meus filhos em meus braços. Eu queria chorar ao ver a beleza do pôr do sol e rir ao sentir o vento nos meus cabelos. Fui para o chuveiro novamente e dessa vez imergi meu corpo inteiro no jato de água fria, assim como "Lady Buda" fizera. E então, seguindo o seu exemplo de novo, mergulhei na piscina quente, boiando na água, deixando meus cabelos flutuarem delicadamente sobre a minha cabeça, finalmente livre do coque apertado que eu havia torcido. Eu flutuava com a cabeça voltada para o céu, olhos bem abertos, querendo ver tudo agora.

Pensei no suicídio do meu pai, na vergonha e no estigma associados a uma morte como aquela na nossa sociedade. Mais uma vez, percebi que a vergonha era um legado da nossa cultura. Para aquelas mulheres japonesas, o suicídio era algo diferente, uma morte com honra, uma morte com significado, o sacrifício de uma vida para o bem maior de todas as outras vidas. Era uma escolha que poderia ser feita em sua cultura, não só por causa das profundezas do desespero, mas também por aqueles que atingiam o lugar mais alto da sabedoria. Fiquei imaginando o que aquelas mulheres pensariam se eu lhes dissesse que ainda estava tentando me curar do suicídio do meu pai. E eu sabia... "Lady Buda" me olharia com compaixão no rosto e amor nos olhos. "Está tudo certo", ela diria com seu leve sorriso, o sorriso do Buda.

Na minha pausa seguinte fora da água, enquanto permanecia deitada no banco, lembrei-me de um sonho que tivera na noite anterior. Eu estava dirigindo em uma estrada de terra nas montanhas quando deparei-me com um dos meus tios, cujo caminhão ficara preso em um buraco de lama. Ele estava desesperado, sem saber como sairia dali. Eu lhe garantia que pegaria a caminhonete do meu pai, que tem um guincho na frente, e seria capaz de tirá-lo dali facilmente. "A caminhonete do Clint!", exclamou com reverência, como se eu estivesse me oferecendo para realizar um milagre para ele. Mas, então, nossos olhos se encheram de lágrimas ao recordarmos juntos que meu pai havia morrido. Desci a estrada para chegar à caminhonete, ainda chorando de tristeza. Na cena seguinte do sonho, eu estava voltando para resgatar meu tio na velha caminhonete Chevrolet do meu pai, vermelha e com guincho na frente. Mas, dessa vez, eu era o passageiro e o meu pai estava dirigindo. Eu me sentia completamente segura sabendo que ele iria me ajudaria a puxar o caminhão do meu tio para fora da lama. Então, eu disse a ele: "Você sabe, papai, o engraçado é que todas as outras estradas até aqui estão totalmente secas. Somente esse caminho tem um buraco com lama e ele conseguiu dirigir exatamente nessa direção!" Eu ria, esperando que ele risse junto comigo, zombando da loucura do meu tio. Mas, em vez disso, ele se virou para mim com uma expressão de compaixão absoluta no rosto e amor nos olhos. Disse com um leve sorriso, um sorriso de Buda: "Essas estradas podem ser bastante complicadas, às vezes."

Sentada na caverna escura, o suor escorrendo por todos os poros, as melódicas frases japonesas ecoando pelas paredes de rocha, a minha boca e garganta secas de sede, vi que eu é que estava presa a um buraco de lama, o único buraco de lama em toda a montanha. E eu sabia que meu pai estava me aconselhando a ser gentil e compassiva comigo mesma nesta estrada complicada de tristeza e saudade. E eu sabia ainda que, enquanto eu carregasse a vergonha de meu pai como um legado, também teria a caminhonete Chevrolet vermelha com o guincho na frente. Eu contava com as ferramentas necessárias para puxar outras pessoas para fora da lama. Agora eu tenho apenas que puxar a mim mesma. Quando "Lady Buda" e suas amigas começaram a sair pela porta, decidi que também era hora de sair. Eu me senti eufórica, viva e exausta — animada com a hipótese de talvez estar fazendo algum progresso na grande tarefa de crescer espiritualmente. Mas eu também sabia que aquele era apenas um banho em um dia, em um ano, de uma vida inteira, em um momento desta nação, em uma eternidade deste planeta, em um instante deste universo infinito. Eu sabia que havia mais trabalho e mais sofrimento e mais sede pela frente. Afinal de contas, eu tinha um banho de lama de 45 minutos agendado para o dia seguinte. Estava ansiosa para ver se seria capaz de sair da lama de uma vez por todas.

Uma gota de Old Spice

Eu vi você hoje
por apenas um segundo... um vislumbre...
quando abri a porta
 do velho galpão
de volta para casa.
Lá estava você
com a sua mochila do exército
e o saco de dormir forrado de lã
(devia pesar uns 20 quilos —
lembra-se de quando eu o peguei em um
acampamento de bandeirantes e
não conseguia carregá-lo?),
aquela cadeira engraçada de armar
que se dobrava sozinha

se você sentasse da maneira errada sobre ela
(eu nunca a dominei),
fileiras e fileiras de cartuchos de espingarda
todos bem alinhados
em caixas de charuto.
Seu equipamento de caça...
pronto para a próxima temporada de outono
uma expedição de caça
(não se esqueça das fichas de pôquer).
Eu sei o que me fez vê-lo
lá hoje...
o cheiro...
essa mistura de folhas secas, terra vermelha,
tabaco e gasolina
(talvez com uma gota de Old Spice).
Esse perfume é você, papai...
e eu ainda podia sentir o cheiro
depois de todos esses anos.
Fechei os olhos
e inspirei você.
Mas quando os abri novamente,
você não estava lá esperando por mim
pelo meu toque.
Em vez disso, eu toquei
cada objeto seu
e lágrimas silenciosas
caíram
sobre o pó de tempo.

Descansando em paz

FINALMENTE, DE UMA perspectiva espiritual superior, você pode atingir um estado de paz no qual a dor outrora preenchia sua alma. Agora você é capaz de interpretar todas as tragédias da vida por meio dessa consciência elevada do significado e da divindade da vida, a necessidade de compaixão para com todos os outros e os verdadeiros mistérios da existência. Na medida em que trava uma batalha com o paradoxo de lutar pela vida ao se entregar à morte, você vai, finalmente, ver o caminho do meio e lá encontrar seu descanso.

A queda das árvores

É UMA POPULAR charada filosófica que, tenho certeza, você já ouviu antes. "Se uma árvore cai em uma floresta, mas não há ninguém por perto para ouvi-la, ela fez barulho?" Eu me lembro de quando era mais nova e pensei nessa pergunta pela primeira vez. Minha resposta foi algo como: "Dããã!" Eu diria: "Se uma árvore que cai faz um som quando você *está* lá para ouvi-lo, então é claro que ainda faria barulho se você não estivesse lá!" Eu me sentia incomodada com as pessoas que realmente dedicavam seu tempo para pensar sobre isso. Afinal, quem tem tempo para isso? Enfim, isso foi durante a minha fase ferozmente racional. Tive que me livrar recentemente do dogma religioso de minha educação, já que estava sendo treinada para ser CIENTISTA. Como eu poderia interpretar a questão de outra maneira?

132 | Uma questão de vida e morte

Muitos anos mais tarde, no entanto, essa complexa pergunta voltou a mim, trazendo consigo lembranças e significados que nos velhos tempos teriam deixado perplexa minha visão científica. Aconteceu quando eu saí de casa para uma longa caminhada em uma trilha na floresta, perto da minha casa. Eu percorria aquele caminho algumas vezes por mês durante o verão, como parte da minha rotina de exercícios. Uma vez, dei de cara com um pinheiro enorme que tinha caído recentemente no caminho, bloqueando a travessia de pedestres e ciclistas. À medida que me esforçava para encontrar um desvio pelas sálvias e cardos, eu me perguntava duas coisas: que som a árvore teria feito quando caiu? E o que causou a queda da árvore, que parecia viva, naquele momento em particular? Espiando de perto a base da árvore, onde a quebra mortal havia ocorrido, eu podia ver que o núcleo do tronco tinha sido comido, apodrecera com a doença que não era aparente nas características externas da árvore (pelo menos, não por um olho inexperiente). No entanto, eu não podia explicar quais forças haviam se reunido, e em que momento preciso, para a árvore ser derrubada no chão da floresta. Certamente, o tronco doente tinha sido lentamente deteriorado durante alguns anos, enfraquecendo pouco a pouco a base da árvore. Mas ela permaneceu de pé até o instante exato em que a energia daquela base que a sustentou foi vencida pela força da gravidade. Será que alguma outra força auxiliou no processo? Vento? O peso de um esquilo em um galho? O toque suave de um dedo humano? Bem, eu não sabia o que responder. E eu tive que concluir, em primeiro lugar, que realmente, de qualquer maneira, o motivo não importava. Porém, mais profundamente na floresta, enquanto eu continuava a caminhada, algumas memórias vivas me trouxeram o passado de volta.

Uma vez, para celebrar a nossa formatura da faculdade, um amigo e eu fizemos uma viagem ao Parque Nacional de Yellowstone. Nós estávamos dirigindo em uma área mais isolada do parque, quando deparamos com um enorme pinheiro que havia caído do outro lado da estrada, obstruindo completamente o tráfego nas duas direções. Saímos do carro para verificar a situação, ao mesmo tempo em que a neve começou a cair, um aviso antecipado de uma nevasca de primavera que se aproximava. Enquanto estávamos lá, impotentes (em uma época anterior aos telefones celulares), uma multidão começou a se reunir em volta da enorme árvore. Mais e mais viajantes irritados deixavam seus carros para verificar o que estava segurando o tráfego. Cada pessoa reagiu com a mesma cara de espanto ao ver a carcaça da árvore recém-caída bloqueando o caminho e impedindo que todos ali realizassem os seus planos de férias. Como o grupo de espectadores impotentes aumentara rapidamente, pude perceber que várias línguas eram faladas ao mesmo tempo. Em meio à neve que caía agora em rodopios, reconheci turistas de todas as raças e etnias em grupos próximos, gesticulando e falando alto para tentar superar as barreiras linguísticas. Finalmente, tornou-se óbvio que teríamos de tentar mover a árvore do caminho. Centenas de pessoas fizeram fila em volta dela e, com um esforço coordenado por sinais manuais universais, começaram a puxar e puxar o imenso obstáculo. Lentamente, centímetro por centímetro,

134 | Uma questão de vida e morte

conseguimos mover a árvore do caminho, permitindo que os carros passassem um por vez, um feito que foi verdadeiramente notável. A experiência foi um pouco surreal, a começar pela nevasca que caía e, ocasionalmente, obscurecia a nossa visão, e por aquela diversidade de pessoas que realmente exibiam as infinitas possibilidades da evolução humana. Todos nós, unidos em uma só causa, com um esforço, contribuímos para superar o maciço obstáculo. O acontecimento me surpreendeu e parecia ter causado o mesmo efeito sobre os outros. Nós olhamos ao nosso redor com reverência para a estrada recém-desbloqueada, que rapidamente era coberta pela neve, e hesitamos por um momento. Foi difícil nos mexer e sair dali depois de um evento tão milagroso. Parecia que, pelo menos, deveríamos trocar nomes e endereços. Mas a tempestade impedia qualquer socialização, e voltamos aos nossos veículos e mundos particulares, saindo da estrada que compartilhamos em direção aos nossos caminhos individuais, para nunca mais nos reunirmos novamente ou realizarmos outra façanha como grupo. Esse fato se destaca em minhas memórias como um lembrete do poder do espírito humano quando muitos indivíduos de diversas origens se unem com um propósito comum. Mas a imagem da árvore gigantesca que paralisou o tráfego em uma remota via também serviu para me tornar mais humilde na presença da natureza. As forças em ação sobre a terra não oscilam facilmente nem se dobram à vontade ou à lógica humana. Mesmo com todo o nosso poderio tecnológico, somos, talvez, apenas peças de um jogo sobre a superfície deste planeta.

Lembrei-me, mais uma vez, do solene poder da natureza vários anos mais tarde, depois que a nossa cidade nomeou a primeira mulher na história como chefe do Corpo de Bombeiros local. Foi um feito notável para uma jovem de apenas 36 anos, que também era uma aventureira experiente. Sua foto enfeitou a primeira página do nosso jornal local, enquanto seus colegas bombeiros, vestidos com trajes de gala, a homenageavam pela conquista. Exatamente uma semana mais tarde, abrimos novamente o jornal e vimos uma fotografia de página inteira desta mesma jovem mulher. Ela estava dirigindo por uma estrada em um desfiladeiro estreito em direção à pequena casa que dividia com seu cão, possivelmente refletindo sobre sua primeira semana como "A Chefe". Enquanto ela conduzia sua caminhonete por uma curva cega na estrada, um pinheiro enorme, com mais de cem anos de idade, caiu sobre a cabine do veículo, matando-a instantaneamente. A árvore veio abaixo no momento exato e com a velocidade precisa, e caiu não no capô ou na parte traseira de sua caminhonete, mas exatamente sobre a cabine onde ela estava sentada, parecendo desmentir as qualidades de aleatoriedade e imparcialidade geralmente atribuídas à natureza. Um segundo mais cedo ou mais tarde, um centímetro para a direita ou para a esquerda, e sua vida poderia ter sido poupada. Foi um sopro de vento ou o peso de um esquilo em um ramo que finalmente provocou a queda da árvore? Nós nunca saberemos. E esse desconhecimento é a fonte de nossa grande ansiedade e desconforto com relação à natureza. Nós não conhecemos os seus segredos. Fomos excluídos do conhecimento do grande

136 | Uma questão de vida e morte

esquema que pode nos ajudar a dar um sentido para uma morte fora de propósito.

O aparente absurdo do acontecimento desvaneceu-se gradualmente da minha memória alguns anos mais tarde, quando outra tragédia despertou novamente as perguntas que eu não tinha sido capaz de responder. Um pai, uma mãe e sua filha de dois anos de idade viajavam por uma estrada local, interestadual, nas primeiras horas da manhã, e passaram por baixo de um viaduto que estava sendo reparado. Inexplicavelmente, uma enorme viga de aço caiu da estrutura acima deles, "aterrissando" em seu carro e matando os três instantaneamente. Embora houvesse tráfego na rodovia e a trave de ferro fosse grande o suficiente para bloquear todas as quatro pistas da estrada, só o carro com aquela pequena família foi atingido pelo aço que caiu. Como foi possível que a trave caísse com a precisão e velocidade exatas para atingir apenas o carro deles, poupando centenas de outros viajantes naquela mesma manhã? Na verdade, minha filha e eu estávamos entre aqueles que foram salvos, porque passamos sob o viaduto apenas trinta minutos mais cedo. Embora eu me sentisse feliz e grata por estar viva naquela manhã, não podia ignorar o fato de que a mesma proteção não tinha sido dada a outras três pessoas. Como aquilo pôde ter acontecido e, mais importante, por quê? A tragédia insondável mais uma vez levantou a conclusão óbvia de que a natureza não tem respeito pela vida humana; que somos as únicas criaturas vivas do planeta que não estão adaptadas à ordem e às leis do mundo regido pela natureza, que nós andamos neste lugar aos tropeções, vagamente conscientes da nossa própria existência e totalmente inconscientes de qualquer propósito de estarmos aqui. E que, como hóspedes indesejados que permanecem por muito tempo, não faríamos falta à Mãe Natureza se viéssemos a desaparecer por completo. Na verdade, às vezes, ela assumidamente nos empurra para fora e bate a porta na nossa cara, para seu próprio capricho e prazer, e para nossa grande perplexidade. Essas dúvidas e receios me assombraram e trouxeram de volta à minha consciência a dor que eu senti após a morte de meu pai, muitos anos antes: o vazio que nunca foi preenchido, as perguntas que nunca foram respondidas. Poucos dias após o acidente, no entanto, tive um sonho que trouxe alguma luz à escuridão desse mistério. No sonho, eu assistia ao funeral da jovem família que tinha acabado de ser morta pela viga de aço. Estávamos sentados em uma enorme igreja e o sacerdote que conduzia a cerimônia encontrava-se em uma alta tribuna acima da congregação. Em vez de bancos, estávamos reunidos em torno de centenas de mesas redondas, em grupos de quatro ou cinco pessoas. À medida que o funeral progredia, eu percebia que o padre gesticulava para mim, solicitando que eu entrasse e lesse o panegírico. Eu estava extremamente desconfortável e tentava me esconder, explicando para as pessoas em minha mesa que eu nem conhecia a família, estava lá apenas como observadora e não tinha nada para ler. Mas, então, olhei mais de perto aqueles convidados sentados à minha mesa: um pai, uma mãe e uma filha de dois anos de idade. Embora eu pudesse ver as suas características físicas, eles estavam inteiramente envoltos por uma luz, com o rosto irradiando amor e felicidade. "Aqui",

138 | Uma questão de vida e morte

falou o pai, empurrando um pedaço de papel para mim, "nós escrevemos isso para você. É o que nós precisamos que você diga a eles." Compreendi, então, que eu tinha sido escolhida pelo falecido para levar a sua mensagem aos seus sobreviventes, embora eu não conseguisse entender o porquê. Subindo ao púlpito, abri o papel e comecei a ler:

"Para todas as pessoas queridas que nos amam e sentem a nossa falta. Não se desesperem. Quando as forças do homem e da natureza conspiram e colidem para criar um evento tão incompreensível, vocês não veem a mão de Deus no trabalho? Vocês não percebem que cada momento da ocorrência foi perfeito e exatamente como deveria ter sido? Vocês não podem ver as glórias que podemos ver agora e choram porque perdemos a única forma de vida que vocês podem perceber. Mas estamos bem e descansamos no perfeito entendimento de que nossos caminhos foram cumpridos durante o tempo em que vivemos. Enquanto vocês não puderem conhecer essa verdade, devem ter fé de que há sabedoria e ordem muito além da sua capacidade de compreensão. Pois esta é a mensagem que trouxemos em nossa vida para ensinar-lhes e partimos da vida para ajudá-los a se lembrar dela".

Acordei tremendo desse sonho, com as poderosas palavras gravadas na minha memória para sempre. "Forças do homem e da natureza", "conspirar e colidir", "como deveria ter sido".... Nos últimos anos, tenho pensado nessas palavras do meu sonho e não me encontrei mais fazendo as mesmas perguntas de antes. Silenciosamente, vi as árvores que caíram, as tempestades que provocaram tamanhas destruições, a irracionalidade da natureza, a inconsciência do homem, os conluios e as colisões que resultaram em tantas vidas perdidas no planeta. Vejo agora que eu sou cega, eu sei que não posso compreender, reconheço que nada me é familiar, aceito o fato de que nunca vou pertencer a este lugar. Poderia ouvir o som de uma árvore caindo na floresta, mas eu não o ouço. Pois este não é nem o tempo, nem o local, nem o momento para isso acontecer. Este é o momento para uma respiração, um simples batimento cardíaco, um piscar de olhos para a realização pacífica de tudo; embora talvez sem sentido para minha mente racional, é assim que deve ser. Tudo... está certo.

Lançamentos Magnitudde
Leitura com conhecimento!

Como dizer sim quando o corpo diz não
Dr. Lee Jampolsky

Descubra o Deus que existe dentro de você
Nick Gancitano

O desejo
Angela Donovan

A real felicidade
Sharon Salzberg

Leia Magnitudde!
Um aprendizado em cada linha!

Meu querido jardineiro
Denise Hildreth Jones

Seu cachorro é o seu espelho
Kevin Behan

A solução para a sua fadiga
Eva Cwynar

Um lugar entre a vida e a morte
Bruno Portier

Lançamentos Magnitudde

Leitura com conhecimento!

Vivendo Com Jonathan
Sheila Barton

VIVENDO COM JONATHAN é uma emocionante história que retrata com inteligência, paixão e humor a própria vida da autora, Sheila Barton, e sua jornada das trevas para a luz, passando pela dor e tristeza até encontrar a esperança e o amor.

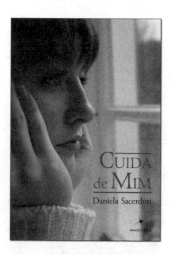

Cuida de Mim
Daniela Sacerdoti

Um livro excelente. CUIDA DE MIM é uma história comovente e muito bem escrita... Quase impossível parar de ler!

– Novelicious, um dos blogs mais conceituados do Reino Unido.

IMPRESSO NA
sumago gráfica editorial ltda
rua itauna, 789   vila maria
02111-031   são paulo   sp
tel e fax 11   **2955 5636**
sumago@sumago.com.br